Dieter Schäfer

Aufstieg, Fall und Ruhm des Pankraz von Freyberg

ECORA-VERLAG Prien am Chiemsee

© 1996 ECORA-VERLAG
Otto Eckelmann und Alois Rieder, 83209 Prien am Chiemsee
Schriften des Heimat- und Geschichtsvereins Aschau
Alle Rechte vorbehalten, Rundfunk- und Fernsehrechte beim Autor
Vervielfältigung, auch auszugsweise, untersagt.
Herstellung:
Rieder-Druckservice GmbH, 83209 Prien am Chiemsee
Printed in Germany

ISBN 3-923437-15-3

Inhalt

Die Zeit und die Umstände

Das Heilige Römische Reich deutscher Nation
zu Beginn des 16. Jahrhunderts 7

Die Freybergs auf Hohenaschau 11

Die Besonderheiten der Herrschaft Hohenaschau 15

Die Erneuerung der Kirche 19

Der junge Herzog (Albrecht V.) 23

Der Aufstieg

Der Ritter Pankraz von Freyberg 27

Herr auf Hohenaschau 33

Der Hofmarschall und sein Umfeld 39

Der Eisenhüttenunternehmer 45

Der Bauherr 49

Vom wahren Adel 51

Reform oder Reformation? 55

Der Fürst und seine Stände 61

Der Fall

Der Hofmarschall gibt auf 69

Persona ingrata 73

1562: Die Ruhe vor dem Sturm 83

Der Landtag zu Ingolstadt 1563	87
Das Verhör	93
Die Ortenburger "Verschwörung"	97
"Meine Herrlichkeit ist aus"	103
Die Anklage auf Hochverrat	107
Die Richter: Kein Hochverrat, keine Verschwörung, aber Ungebührliches	111
Der Spruch des Herzogs	113
Das Land verlassen?	115
Unterwerfen oder im Kerker bleiben!	117
Das Ende in Hohenaschau	121

Der Ruhm

Die Legenden	127
"Von der Parteien Haß und Gunst verwirrt…"	131
Der Nachruhm	135
Anmerkungen	141
Hinweise	145
Literatur	153
Bildnachweis	157

Das Heilige Römische Reich deutscher Nation zu Beginn des 16. Jahrhunderts

In der ersten Hälfte des 16. Jahrhunderts hatte das Haus Habsburg den Gipfel seiner Macht erreicht. Nie mehr sollte ein römisch-deutscher Kaiser über mehr Königreiche, Fürstentümer und Territorien herrschen, wie dies Karl V. (1519 - 1556) tat, in dessen Reich, ein geflügeltes Wort, die Sonne nicht unterging. Er war der Herr Europas und konnte das auch dort zeigen, wo sich nicht zum Reich gehörende Mächte gegen diese Dominanz zu wehren versuchten. In vier Kriegen, 1521-1526, 1526-1529, 1536-1538 und 1543/44, mußte er seine Ansprüche gegenüber dem König von Frankreich behaupten.

Der Kaiser war auch der Herr über große Teile der damals bekannten neuen Welt und deren unermeßliche Reichtümer, die ihm als König von Spanien zuflossen. Niemand konnte ihn, das weltliche Schwert der Christenheit, an Glanz, Macht und Reichtum übertreffen. Andererseits brauchte aber der Kaiser nichts dringlicher als Hilfsgelder und Hilfstruppen für die Kriege, in die er gegenüber Frankreich in Oberitalien und an der Westgrenze des Reiches verwickelt war. Karl V. hatte 1521 nach Erlaß des Wormser Ediktes Deutschland verlassen, um sich ganz seinem spanischen Herrschaftsbereich zuzuwenden. Für ihn regierte sein Bruder Ferdinand die habsburgischen Erblande. Als Statthalter des Reichs hatte er sich an dessen Ostgrenze der mit Macht und Erfolg anstürmenden Türken zu erwehren. Sie überrannten Ungarn und gelangten 1529 erstmalig bis Wien. Im Mittelmeer war man der Plage der Seeräuberei zwar nie ganz Herr geworden, aber dadurch wurde das

Reich weder bedroht noch gar erschüttert. Ganz anders wirkte sich das unerwartete Auftauchen starker türkischer Flotten aus, die ersten Vorboten von dem, was dort noch zu erwarten stand.

Zu diesen Kriegen kamen innerhalb Deutschlands drei, eigentlich sogar vier potentielle Konfliktherde.

Der erste: Unterhalb des Kaisers versuchten die Landesherren, ihre Fürstentümer möglichst unabhängig von einer Mitsprache ihrer Stände, Adel, Prälaten und Städte, zu regieren. Dagegen gab es Widerstand auf Seiten der Stände, aus unterschiedlichen Gründen, wie auch die althergebrachten Mitwirkungsrechte der Stände selbst, des Adels vor allem, von Land zu Land sehr unterschiedlich waren.

Der zweite Konfliktherd entstand aus der Sonderstellung des reichsunmittelbaren Adels. Dieser unterstand in seinen außerhalb der Landeshoheit stehenden eigenen kleineren Territorien dem Kaiser, bzw. dem König. Er war sein Schutzherr. Er brauchte sie für seine Kriegszüge, für seine Diplomatie und Verwaltung. Der reichsunmittelbare Adel brauchte den Kaiser, wollte er an seinem Glanz und seinem Reichtum teilhaben, dem häufig tristen Leben auf der väterlichen Burg entfliehen und an den großen Abenteuern teilnehmen, die die Zeit bot. Er brauchte den Kaiser auch, wenn es Ärger mit dem territorialen Appetit der Landesfürsten um ihn herum gab.

Die reichsunmittelbaren Einsprengsel störten ganz einfach in den sie umgebenden landesherrlichen Territorien. Ihre Herren besaßen aber neben reichsunmittelbaren Lehen meist auch noch solche des Landesherrn. Sie waren also landsässig und reichsfrei zugleich und standen so gelegentlich mit einer gewissen Janusköpfigkeit zwischen ihrem kaiserlichen und ihrem landesherrlichen Lehensherrn. Das wurde besonders problematisch, wenn sie in der Folge des dritten Konfliktherdes, als reichsunmittelbare Herren, sich und ihre Herrschaft der Reformation öffneten. Als Landsassen eines katholisch bleibenden Landesherrn gerieten sie mit ihrem unterschiedlichen Lehensbesitz aber voll auch in die politischen Auswirkungen des konfessionellen Konflikts, wie dies umgekehrt auch für den altgläubigen Adel unter protestantischer Herrschaft galt.

Damit sind wir bei dem dritten Konfliktherd. 1517 hatte Martin Luther seine 95 Thesen verfaßt. Sie fanden schnelle Verbreitung durch das neue Medium des Buchdrucks. 1520 veröffentlichte er seine "An den christlichen Adel deutscher Nation" gerichtete reformatorische Schrift. 1521 verweigerte er auf dem Reichstag zu Worms den Widerruf. Vor seinem Abzug nach Spanien hatte der Kaiser über Luther die Reichsacht verhängt, der Papst hatte ihn exkommuniziert. Aber das nutzte wenig. Die Forderungen nach einer Reform der Kirche an Haupt und Gliedern ließen sich so nicht mehr aus der Welt schaffen.

Man hat von den drei Grundstimmungen gesprochen, die für die Zeit des späten Mittelalters charakteristisch waren, der Angst, dem Befreiungs- und Erneuerungsbestreben. Für diese damalige Heilsangst des Menschen hatte Martin Luther das erlösende Wort gefunden. Es war, als habe er eine Lawine losgetreten. Luthers Lehre breitete sich trotz Kirchenbann und Reichsacht in ganz Deutschland weiter aus. Getragen von einer gesteigerten Religiosität und vor dem Hintergrund zahlreicher, seit langem angeprangerter Mißbräuche begann der Streit um den wahren christlichen Glauben: Rechtfertigung allein durch den in der Bibel geoffenbarten Glauben und Aussicht auf die ewige Seligkeit allein durch die Gnade Gottes und nicht durch der Gesetze Werke. Damit war der Konflikt mit den Heilsinstitutionen der Kirche und ihrem Register von guten Werken, mit denen man sich die Anwartschaft auf die Seligkeit erwerben konnte, vorgegeben.

Dazu kamen die Forderungen nach dem Abendmahl in beiderlei Gestalt, d.h. auch dem Laienkelch, sowie nach der Priesterehe, und die Ablehnung der Autorität des Papstes und der Kirchenlehre. An ihre Stelle sollte ein allgemeines Priestertum aller Gläubigen treten, das sich allein auf das von Gott in der Bibel geoffenbarte Wort zu halten hätte. Damit war der Konflikt mit einer Kirche vorgegeben, die sich auf die Autorität des Papstes als des Stellvertreters Christi auf Erden gründete.

Alle drei in Kürze skizzierten Konfliktherde überlagerten sich und verknüpften sich miteinander, und in sie hinein geriet in manchen Teilen des Reiches das soziale Konfliktpotential der freien, halbfreien und abhängigen Bauernschaft.

Man sieht, Kaiser und Reich mußten sich gerade auf dem Höhepunkt der Macht und territorialen Ausdehnung des Hauses Habsburg außerordentlich weitreichenden und gefährlichen Herausforderungen stellen.

Die Freybergs auf Hohenaschau

Damit sind wir eigentlich schon mitten in unserer Geschichte, der des Pankraz von Freyberg auf Hohenaschau in den Umständen seiner Zeit.

Über sieben Jahrhunderte hindurch wurde das Priental hintereinander von vier großen Adelsfamilien beherrscht.

Drei von ihnen erlangten über das Tal hinaus Bedeutung. Die jeweiligen Inhaberfamilien der Herrschaft hatten drei Eigenschaften gemeinsam. Sie waren alle von außerhalb gekommen und gehörten schon hochangesehenen Geschlechtern an, bevor sie Hohenaschau übernahmen. Zu ihrem Besitz waren sie nicht durch Kriege oder Gewalt, sondern durch die sehr viel elegantere und unblutige Form der Einheirat gekommen. Bella gerant alii, tu felix Austria nube! So haben das auch die Herren im Priental gehalten.

Karl Primbs, der vor über hundert Jahren mit der Verzettelung des umfangreichen Aschauer Archivs begonnen hatte, kam in einem Beitrag über das Schloß Hohenaschau und seine Herren damals zu der Auffassung: "So Manches vollzog sich in diesem Tal und seiner Umgebung wohl wert, der Vergessenheit entrissen zu werden, und dennoch fand sich bisher keine Feder, welche Land und Leuten gerecht werden wollte." Aber auch seiner eigenen Feder gelang das, wie wir sehen werden, nur unvollkommen und mit Einschränkungen, aus welchen Gründen auch immer.

Wie viele ritterschaftliche Familien hatten sich auch die Freybergs die im Zeitalter der Renaissance als besonders vornehm geltende römische Herkunft "nachweisen" lassen. Sicher ist allerdings nur, daß sie ein schweizerisches Uradelsgeschlecht waren, das sich oberhalb von Chur das Schloß Hohenfreyberg erbaut hatte. Aber schon im Mittelalter war die Familie in Schwaben und Bayern weit verbreitet. Im Chiemgau ist sie bereits im 12. Jahrhundert nachweisbar.

Seit 1336 amtierte der schwäbische Ritter Conrad Freiherr von Freyberg und Neudingen als herzoglich bayerischer Vicedom im oberen Bayern, ein Amt etwa dem eines heutigen Regierungspräsidenten vergleichbar. (1) Conrad war einer der vielen nachgeborenen Söhne, dieser aus der Linie des schwäbischen Uradels, die den Stammsitz nicht übernehmen konnten und in fremde Dienste treten mußten, wenn sie nicht mit geistlichen Pfründen versehen wurden. Andere ritterschaftliche Herren traten vorübergehend in landesherrliche Dienste, die ihnen meist zu erheblichen Einnahmen und Ehren verhelfen konnten. Auf solche werden wir im Umfeld Freybergs stoßen. Für die Bedeutung der Ämter und den Zusammmenhang der entstehenden landesfürstlichen Hof- und Staatsämter mit der Entwicklung und Stellung des Adels und der juristischen Gelehrsamkeit, ohne den das Schicksal des Pankraz von Freyberg nicht zu verstehen ist, s. die Hinweise im Anhang unter (1). Der Name Freyberg war zu dieser Zeit außerhalb Hohenaschaus und Schwabens in ganz Süddeutschland häufig vertreten. Das sollte auch nach dem Ende ihres Hohenaschauer Stammes bis in unsere Zeit hinein so bleiben.

Dem damaligen Vicedom im oberen Bayern war natürlich bekannt, daß in Hohenaschau ein männlicher Erbe fehlte und eine gute Partie heranwuchs. Die Sache wurde auf den Weg gebracht. Der Vicedom selbst verstarb 1373. Aber nach dem Trauerjahr heiratete sein Sohn gleichen Namens die Erbtochter von Hohenaschau und begründete damit die oberbayerische Seitenlinie des alten und weitverzweigten Stammhauses.

Die Freybergs auf Hohenaschau waren wohlgelittene Gefolgsleute der bayerischen Herzöge. Sie waren wehrhafte Herren, Ritter eben, die sich auf den vielen Kampffeldern ihrer Zeit wacker schlugen. Mit ihren Gefolgsleuten, Knappen und Troß hatten sie einen Teil des herzoglichen Aufgebots zu stellen und sich an den Feldzügen ihres Fürsten zu beteiligen. Ihre Rüstkammer war wohlausgestattet, die Befestigungsanlagen Hohenaschaus waren auf der Höhe der Zeit und konnten im Notfall auch längere Zeit verteidigt werden. Auf den zahlreichen und glänzenden Turnieren, in denen sich die ritterliche Pracht dieser Zeit entfaltete, und auch am Hof ihrer Fürsten machten sie eine gute Figur. Sie wurden zu ehrenvollen Aufträgen der bayerischen Herzöge herangezogen und erhielten von ihnen herausragende Ämter übertragen. Die Wittelsbacher unternahmen viel, um die Hohenaschauer Herren in ihre Dienste zu ziehen, sie in ihnen zu halten und sie fest an sich zu binden.

Einer von ihnen, Christoph von Freyberg, gehörte zum Hof Herzog Georgs des Reichen von Bayern-Landshut. 1471 hatte er in Hoftracht mit sieben Knechten auf dem Reichstag zu Regensburg zu erscheinen, vier Jahre später als Gesandter seines Herrn die schöne Prinzessin Hedwig aus Polen auf die Trausnitz zu geleiten. Er wurde, zusammen mit einem Georg von Preysing zu Kronwinkl zum Testamentsvollstrecker seines Fürsten eingesetzt, was den Status der Familien kennzeichnet. Ein anderer, Onofrius, der Vater des Pankraz Freyberg, war 1520 zur Krönung Kaiser Karls V. entboten worden und diente dem Herzog seit 1517 als

Pfleger - eine Art früher Landrat, wenn man wieder einen etwas kühnen Vergleich wagen darf (1) - erst zu Friedberg bei Mattighofen, dann ab 1520 für achtzehn lange Jahre als solcher zu Wasserburg.

Die Besonderheiten der Herrschaft Hohenaschau

Die Herrschaft Hohenaschau war etwas besonderes. Lehnsherren waren seit der Mitte des 13. Jahrhunderts die Herzöge von Bayern. Vor ihnen waren dies die Fürstbischöfe von Salzburg gewesen. Diese Salzburger Erzbischöfe konnten sich zwar nicht mehr als Lehnsherren, aber durch ihre Suffraganbischöfe vom Chiemsee noch als Grundherren bis 1529 im hinteren Priental (Sachrang) halten. (2)

Die Inhaber der Herrschaft Hohenaschau besaßen noch aus der vorbayerischen Salzburger Zeit die niedere und auch die sonst dem Herzog allein zukommende hohe Gerichtsbarkeit. Sie konnten als Gerichtsherren zu Prien auch über Leib und Leben richten lassen. Außerdem lag auf der Herrschaft Hohenaschau aus alten Salzburger Zeiten noch das sogenannte Immunitätsprivileg des weltlichen Territoriums geistlicher Fürsten. Es bedeutete, daß die Beamten des bayerischen Herzogs innerhalb der Herrschaft Hohenaschau so ohne weiteres nicht tätig werden konnten. Dieses Privileg war beim Wechsel der Lehnshoheit in den unterschiedlichen Besitzverhältnissen im Tal nicht einfach untergegangen, wurde aber gegenüber dem weltlichen Landsassen nicht mehr so eingehalten wie gegenüber dem Salzburger Kirchenfürsten.

Mit anderen Worten, das Tal war bayerisch. Aber die Herrschaft war mit eigenen Rechten gegenüber dem Herzog ausgestattet, und die langen Schatten der beiden Nachbarn, des Herrn von Tirol und des Fürstbischofs von Salzburg, als dem früheren weltlichen und später auch noch

Burg Hohenaschau um 1570 (Nordansicht)

langjährigen Obereigentümer des Besitzes und immer noch dem geistlichen Herrn, lagen über dem Tal und der Freybergschen Familie, auch wenn diese primär Landsassen des Herzogs von Bayern waren. Beide, der Kaiser und der Salzburger Fürstbischof, gehörten selten zu den Freunden der Wittelsbacher.

Vom Lehensrecht und vom kirchlichen Recht muß man das persönlich-private Eigentum trennen, das bei den Freybergs beträchtlich war, unter Pankraz noch einmal beachtlich wuchs und teilweise auch im Salzburgischen lag, wo der Erzbischof Lehnsherr, und auf tiroler Gebiet, wo dies der Habsburger Erzherzog war. Man hatte also eine weitere Orientierung als die eines bloß bayerischen Landsassen.

Die Erneuerung der Kirche

Die Erneuerung der Kirche war überfällig, das dritte Konfliktfeld, das dieses Zeitalter im Reich bestimmte. Hier muß man etwas ausholen.

Mißstände und Mißbräuche gab es in vielen Bereichen der Kirche. Die Reformforderungen erschienen gerechtfertigt, wenn auch mit der Schilderung der Mißbräuche gelegentlich übertrieben wurde. Nach dem Willen des Reichstags (Reichstagsabschied von 1523) sollte "ein frei christlich Konzil in deutschen Landen" die Kirchenreform in die Hand nehmen. Darüber kam es zu heftigen Auseinandersetzungen zwischen dem Papst auf der einen und dem Kaiser und den Reichsständen auf der anderen Seite. Diese Auseinandersetzung hatte mit Martin Luther nur sehr indirekt zu tun.

Martin Luther wollte die Erneuerung der Kirche auf dem Boden der Wahrheit des Evangeliums. Er sah sich damit nicht außerhalb der Kirche stehend, sondern als ein Evangelist Gottes innerhalb dieser (Lortz). Seine reformatorischen Schriften hatten gezielt auch den Adel ansprechen sollen.

Mit der Beseitigung der Mißstände in der Kirche und dem erlösenden Wort für die Heilsangst der Menschen durch die neue Lehre war für den Adel aber gleichzeitig auch die Hoffnung auf eine Stärkung der eigenen Position gegenüber der stetigen Zunahme der landesfürstlichen Macht und auch gegenüber dem überlieferten Anspruch der Kirche verbunden. Dem Adel mußte natürlich gefallen, daß die alte Zweischwerterlehre, von einem höheren geistlichen und einem niederen weltlichen Stand, von Luther bestritten wurde.

Während die Reichsritterschaft in Schwaben und Franken der neuen Lehre schon eifrig ergeben war, hielt sich der landsässige Adel in Bayern zunächst eher zurück. Das hatte unter anderem den Grund, daß Herzog Wilhelm IV. (1493 - 1550) in Bayern schon vor dem Auftreten Luthers mit der Beseitigung von kirchlichen Mißständen begonnen hatte. Die erste Welle der reformatorischen Bewegung in Bayern erreichte mehr die kleinen Leute in Stadt und Land, die unzufriedene niedere Geistlichkeit und Teile des städtischen Patriziats.

In dem großen Konflikt um den rechten Glauben stand der Herzog von Bayern von Anfang an konsequent auf Seiten der Kirche, was nicht ausschloß, daß er Luthers Reformbestrebungen zunächst aufgeschlossen gegenüberstand. Erst als Wilhelm IV. auf dem Reichstag zu Worms Luther selbst hörte und ihm anschließend der päpstliche Nuntius eindringlich vorhielt, welche Auswirkungen diese Lehren für die gesellschaftliche und staatliche Ordnung überhaupt haben würden, zog er für sich und sein Land den eindeutigen Trennungsstrich. Reformen, wie sie bereits von ihm begonnen worden waren, ja und im Rahmen der vorhandenen Ordnung, Reformation, nein, wenn sie die Kirche spaltete, die gesetzte Ordnung bedrohte und die Autorität des Papstes beschädigte.

1522 ließ der Herzog durch ein Religionsmandat die Lehren Luthers als der göttlichen und der menschlichen Ordnung widersprechend verbieten. Die Ketzer waren einzusperren, sie hatten entweder zu widerrufen oder in die Verbannung zu gehen. Zwei Jahre später wurde das Religionsmandat verschärft. Ketzerei konnte jetzt die Ämter und den Besitz, sogar das Leben kosten. Mit Recht weist die neuere Forschung darauf hin, daß die Bewahrung der Glaubenseinheit und der gesetzten Ordnung als eine Einheit angesehen wurde, und nach dieser Auffassung die Aufgabe der Glaubenseinheit auch zur Gefährdung der Autorität des Herzogs überhaupt führen mußte.

Ein Teil des Adels und des städtischen Patriziats befolgte die Religionsmandate, ein anderer hielt sich lediglich etwas bedeckter als früher. In unmittelbarer Nachbarschaft gelegene Reichsstädte, das in Bayern gelegene Regensburg und auch die Pfalzgrafschaft Neuburg a.D. führten die Reformation ein. Nach wie vor reisten, wenn auch mit großer Vorsicht, lutherische Prädikanten im Land umher und spendeten das Abendmahl in beiderlei Gestalt, beides, Hostie und Kelch auch für die Laien. Wo sie auftauchten, fanden sie mit ihrer Predigt in deutscher Sprache großen Zulauf, vor allem wiederum bei den kleinen Leuten, deren Sorgen sie zu artikulieren verstanden.

Doch der endgültige Bruch, die Kirchenspaltung, lag noch weithin außerhalb des Vorstellungsvermögens der meisten Anhänger Luthers. Es sah so aus, als könnten sich Übergänge und Kompromißlösungen herausbilden, man innerhalb der einen Kirche sogar zwischen alter und neuer Lehre wählen. So wie innerhalb einer Familie die eine Linie altgläubig blieb, eine andere sich der Reformation anschloß. Die schwäbische Linie der Hohenzollern blieb katholisch, die Brandenburger Markgrafen schlossen sich der neuen Lehre an. Albrecht von Brandenburg, der Hochmeister des Deutschen Ordens, wandelte den Besitz des Ordens in Preußen 1525 zu einem weltlichen Herzogtum unter polnischer Lehenshoheit um und wurde dessen erster Herzog.

Die rigorose Bekämpfung der lutherischen Lehren war bei aller politischen Flexibilität für den Kanzler Leonhard von Eck ein Grundprinzip der bayerischen Herzogsherrschaft. Seinem Sohn, Oswald von Eck, werden wir in der sogenannten "Ortenburger Verschwörung" des evangelisch gesinnten bayerischen Adels gegen den Herzog wieder begegnen.

Soweit wie in Preußen wollte es Wilhelm IV. in Bayern und in den seinem Land benachbarten geistlichen Fürstentümern unter keinen Umständen kommen lassen. Als die Bauernaufstände in Südwestdeutschland und im Salzburgischen ausbrachen, auch Teile des Adels sich der Reformation anzuschließen begannen, also drei der eingangs erwähnten Konfliktfelder sich ineinander verhakten, verschärfte Herzog Wilhelm in einem weiteren Edikt 1530 die Verfolgung der ketzerischen Lehren. (3) In den Motiven des Herzogs war neben der religiösen Überzeugung vieles zusammengekommen, auch politische und dynastische Rücksichten und ganz allgemein die Befürchtung von Aufruhr und Empörung, also das Land existentiell bedrohende Gefahren.

Der junge Herzog (Albrecht V.)

Die Linie des alten Herzogs war eindeutig gewesen, die seines seit 1550 regierenden Sohnes Albrecht V. (1528 - 1579) erschien manchem zunächst offener. Er tolerierte den Gottesdienst nach protestantischem Ritus und besuchte ihn sogar gelegentlich selbst. Das erregte Aufsehen und weckte Erwartungen. Die reformatorische Welle, mit der Albrecht es zu tun bekam und an deren Ausbreitung er nicht ganz unschuldig war, beschränkte sich nicht mehr auf die kleinen Leute, sondern wurde von einem wichtigen und einflußreichen Teil seiner Stände, dem hofmärkischen Adel und großen Patrizierfamilien getragen. In seiner Anfangszeit als Herzog wirkte er häufig mit protestantischen Fürsten zusammen. Er trat in aller Form einem Beschluß des sogenannten Heidelberger Bundes (1553) bei, wonach die Untertanen um des Glaubens willen nicht verfolgt werden sollten.

Um die formal nach wie vor gültigen strengen Religionsedikte seines Vaters kümmerte er sich wenig. Prompt machte ein Teil des Adels aus seiner protestantischen Überzeugung auch öffentlich keinen Hehl mehr. Selbst in der Hauptstadt und sogar in der Umgebung des Herzogs gab es Protestanten. Der Stadtrat sympathisierte mit der neuen Lehre. Man wußte, wer wo stand und welcher Überzeugung anhing. Luthers Flugschriften und Bücher waren weit verbreitet. In der Nachbarschaft, in Salzburg und Österreich, bildete sich eine Art fließender Übergang zur neuen Lehre, der sogenannte Kompromißkatholizismus, aus.

Der junge Herzog war ein vielseitig interessierter, musisch begabter junger Mann von 22 Jahren, Schwiegersohn des in den österreichischen Erblanden regierenden Königs Ferdinand. Musik, Jagd, Natur und der Sammlung von Kunstwerken galten seine Leidenschaft, politischen Fragen widmete er sich weniger gern. Er unterhielt in München eine glänzende Hofhaltung, umgab sich mit interessanten Leuten, auch Künstlern. Mit dem Maler Hans Muelich, von dem das Portrait Pankraz' auf dem Titelblatt dieses Büchleins stammt, war er geradezu befreundet. Er berief Orlando di Lasso nach München. Philipp Apian, der berühmte Mathematiker und Geograph, war für ihn tätig. Herzog Albrecht legte den Grundstein für Hofbibliothek, Antiquarium, Münzkabinett und Schatzkammer, die von ihm gerufenen Jesuiten gründeten das älteste und bis 1824 einzigste Gymnasium Münchens. Er war anders als sein Vater und wollte wohl auch so gesehen werden.

Der Herzog ging im wesentlichen seinen persönlichen Neigungen nach. Die Bonhomie seines Lebensstils, eine gewisse Phlegmatik und Indifferenz seiner Person konnten leicht zu Mißdeutungen führen und taten das auch, gewiß jedenfalls bei Pankraz. (4)

Einigen in der Umgebung des jungen Herzogs gefiel das gut, anderen weniger. Von diesen ist das Urteil überliefert, Albrecht sei ein Mensch ohne ernste Lebensauffassung, als Christ ohne wahren Eifer und als Fürst ohne tieferes Pflichtgefühl. Sie hofften auf das Ergebnis eines allgemeinen Konzils, das dem Land den alten Glauben erhalten, bzw. wiederherstellen und den Herzog zum entschiedenen Handeln veranlassen sollte. Der junge Herzog verhielt sich ähnlich wie sein Schwiegervater, der, wie Béranger das kurz und treffend formulierte, "glaubte, daß ein ökumenisches Konzil und der Dialog mit den Anhängern Luthers die Ordnung in der westlichen Christenheit wiederherstellen und auch die anspruchsvollen Gläubigen zufriedenstellen könnten. Aus Familientradition war er fromm, ohne fanatisch zu sein, und glaubte nicht daran, daß der Zwang Abtrünnige in den Schoß der Kirche zurückführen könnte..."

Schwierig konnte die Lage des Herzogs dann werden, wenn er eindeutig Farbe bekennen mußte, und er wurde bedrängt, das endlich zu tun. Es war nicht zu übersehen, daß sich mehr und mehr auch der hohe Adel der neuen Lehre zuwandte und die konfessionellen Differenzen sich mit den standesrechtlichen, über die noch zu reden sein wird, zu verknüpfen begannen. In dem jungen, zugleich auch reichsunmittelbaren Grafen Joachim von Ortenburg, dem ersten Landstand in Bayern, dem vornehmsten Adligen nach dem Landesherrn selbst und in gewisser Weise auch sein Rivale, fanden die evangelisch gesinnten Stände ihren Anführer. Mit den Ortenburgern waren die Freybergs verwandt und befreundet.

So also sah das Umfeld aus, in dem der junge Herr auf Hohenaschau seine Position finden und vertreten mußte.

Der Ritter Pankraz von Freyberg

Pankraz von Freyberg war 1508 in Hohenaschau zur Welt gekommen und dort aufgewachsen. Als Erstgeborener würde er einmal in seiner Familie der siebte Inhaber der Herrschaft sein. Über Jugendjahre und Ausbildung wissen wir nicht viel. Er hat die übliche ritterliche Erziehung genossen, Schwerpunkte müssen auch in der gewandten Beherrschung der Feder und des Rechenstifts gelegen haben. Die Familie soll früh mit lutherischen Vorstellungen sympathisiert und ihm auch eine erste religiöse Prägung vermittelt haben. Aber mehr als Sympathie oder Aufgeschlossenheit für die neuen Gedanken kann es nicht gewesen sein. Wie das alles einmal ausgehen könnte, was das am Ende institutionell bewirken würde, konnte sich vermutlich keiner so recht vorstellen. Es erscheint auch sehr unwahrscheinlich, daß Herzog Wilhelm Onofrius und Pankraz mit den wichtigen Ämtern eines Pflegers betraut und sie in ihnen belassen hätte, wären sie damals offen und deutlich für Luthers Lehren eingetreten. (5)

Luther selbst soll sich 1518 nach seiner Flucht aus Augsburg einige Tage auf Hohenaschau versteckt gehalten haben. Doch das ist nur als Gerücht, allerdings als ein besonders hartnäckiges, auch durch Peets weiterverbreitet, "nachzuweisen".

Durch Vater und Mutter ist Pankraz mit den Aufgaben der Bewirtschaftung und Verwaltung großer Besitzungen vertraut gemacht worden. Durch die Ämter des Vaters als Pfleger hat er auch etwas von der damals üblichen Landesverwaltung mitbekommem. Eine Kavalierstour, wie sie zu dieser Zeit schon in Mode kam, hat er nicht unternommen. Wohin die jungen Kavaliere auch hätten reisen wollen, war außerdem gerade Krieg. Den Wunsch, eine Universität zu besuchen, hatte er offenbar nicht. Das soll er später bedauert haben, allgemein üblich war das für die heranwachsenden jungen Herren vom Stande damals noch nicht. Erst mit der nächsten Generation sollte sich das ändern.

Kaum erwachsen, war Pankraz in eines der Landsknechtsfähnlein Frundsbergs eingetreten. Auf Vaters Rat oder eigenen Wunsch? Wir wissen es nicht. Söldnerheere hatten damals gerade die alten ritterlichen Lehensaufgebote abgelöst und boten Herren entsprechender Herkunft die Chance einer militärischen Karriere in den zahlreichen Kriegen des Kaisers. Die neuen Feuerwaffen und die neue Taktik der Landsknechtshaufen hatten das alte Kriegswesen grundlegend verändert und faszinierten gerade die gegenüber Neuerungen aufgeschlossenen und neugierigen jungen Herren von Stand. Man konnte schließlich auch Erfahrungen sammeln, was denn die väterliche Burg in der Zeit der neuen Kriegstechnik als Festung überhaupt noch wert sein würde.

Eine solche Laufbahn hatte offenbar auch Pankraz von Freyberg im Sinn. Die Erfahrungen, die er dabei gewinnen und die persönlichen Verbindungen, die er knüpfen konnte, spielten in seinem späteren Leben eine gewichtige Rolle. Der junge Ritter hatte unter Frundsberg in den ersten beiden Kriegen des Kaisers in Frankreich und Italien gegen den König von Frankreich gefochten und sich mehrfach ausgezeichnet. Mit dem ebenfalls im Heer dienenden Sohn des berühmten Landsknechtsführers hatte er Freundschaft geschlossen. Wiguläus von Hundt, Jurist, Professor der Rechte und Rektor der Universität Ingolstadt, war seit 1540

Rat am Hof zu München. Er berichtet in seiner Chronik: "Pankratz hat auch etlich ehrlich Züg gethan nach der Provinz (Provence) in Frankreich oder Delphinat (Dauphiné) und Italia mit Herr Caspar von Frundsberg, der ihn lieb gehabt und ein schwester verheyraten wollen, so hernach erblindet." (6)

Unter Caspar Frundsberg soll er mit einigen Getreuen aus dem eingeschlossenen Pavia ausgebrochen und sich anschließend quer durch die Alpen durchgeschlagen haben, um den alten Feldhauptmann Georg von Mindelheim abzuholen. Überliefert ist auch, daß man dem Fähnlein Caspar Frundsbergs, zu dem Pankraz gehörte, im Feldzug auf Genua ein ketzerisches Leben vorwarf. Diese und andere Geschichten kann man bei Hartwig Peets, etwas barock-blumig geschildert, nachlesen. Aber was davon stimmt oder bloß Legende ist, läßt sich kaum noch nachrecherchieren, zumal die Berichte voneinander abweichen, und in unterschiedlicher Reihenfolge, örtlicher Begebenheit und Buntheit erzählt wird. Sicher ist, daß Pankraz in Frundsbergs Heer mit vielen bayerischen Standesgenossen zusammentraf, denen er seit damals freundschaftlich verbunden blieb, aber auch mit anderen, die seinen späteren Weg nicht teilten.

In dem sogenannten Damenfrieden von Cambrai verzichtete 1529 Franz I. von Frankreich auf seine Ansprüche in Italien. Aus dieser Zeit genügt es festzuhalten, daß Pankraz dabei gewesen war, als junger Ritter mitbekommen hatte, wie Karls V. Heere die auf einen beherrschenden Einfluß in Oberitalien gerichtete Politik der französischen Könige zum Scheitern gebracht hatten. Der Kaiser konnte seine in Italien und an der Westgrenze stehenden Söldnerheere auflösen. In diesem Zusammenhang quittierte offensichtlich auch Pankraz den kaiserlichen Dienst und kehrte im Laufe des Jahres 1530 im Alter von 22 Jahren nach Hause zurück. Wiederum kennen wir die genauen Gründe nicht. Einer kann in der Auflösung der Heere gelegen haben, ein anderer im schlechten Gesundheitszustand des Vaters, ein dritter mit dessen umfangreichen Verpflichtungen als Pfleger zu Wasserburg zusammenhängen, die es geraten erscheinen ließen, den ältesten Sohn nach Hause zu rufen, und schließlich war da noch das große Problem mit seiner Mutter.

Die Mutter, Helena von Münichau, reichbegütert in Tirol, war angeklagt worden, der Lehre der Täufer anzuhängen und einem ihrer Apostel auf ihrem Besitz Münichau Zuflucht gewährt zu haben. Das galt als sektiererische Ketzerei, mit der es keine Verständigungsmöglichkeit gab, durchaus anders zu beurteilen als die "Lutherer." 1529 verfügte Ferdinand die Einziehung ihrer Tiroler Güter. Herzog Wilhelm sandte zu Jahresbeginn 1530 ein Aufgebot von vierzig Reitern mit Geschützen nach Hohenaschau, die Landfahnen, d.h. die regulären Aufgebote, von Kling und Wasserburg, einschließlich der Pfleger, dazu noch der von Rosenheim. Der Hauptmann des Aufgebots eröffnete Onofrius, daß er Befehl habe, Helena gütlich oder mit Gewalt dem Herzog zu überliefern. Mit dem Immunitätsprivileg war es offensichtlich nicht mehr weit her. Erst als man sich überzeugt hatte, daß die Gesuchte nicht in Aschau war und der Pfleger von Kitzbühel mitteilte, daß sie auch nicht auf ihrem Besitz Münichau zu finden sei, zog der ganze Troß wieder ab.

Man war rechtzeitig gewarnt worden. Helena hatte flüchten und später in Augsburg untertauchen können. Erst in langen Verhandlungen, an denen Pankraz beteiligt war, und mit Hilfe einflußreicher Fürsten erreichte die Familie das Rückkehrrecht der Mutter und die Rückgabe der Tiroler Güter an ihre Kinder.

In den ersten drei der Aschauer Jahre nach seiner Rückkehr stand Pankraz dem kränklichen Vater zur Seite, kümmerte sich um die Angelegenheiten seiner Mutter, lebte aber auch das freie und in gewisser Weise große Leben eines jungen Ritters, der für die damalige Zeit schon weit herumgekommen war, viel gesehen hatte und von dem man wußte, daß ihm sogar kaiserliche Gunstbeweise zuteil geworden waren, und der wichtige Leute kannte. Bei dem Pfleger von Rosenheim, einem aus Meißen stammenden Edelmann und Freund seines Vaters, Hildebrandt Kitzscher von Elkhofen (auch Ölkhofen, oder Oelkofen geschrieben), der mit einer Stadion aus dem berühmten württembergischen Geschlecht verheiratet war, machte er eine Art Praktikum und lernte dabei wohl auch dessen Tochter Maria kennen. Der Schwiegervater war durch "Kriegs- und Staatsdienst nach Bayern gelockt worden." (Karl Primbs)

Längst waren die Hof-, Staats-, und Verwaltungsämter in den größeren Territorialstaaten wie Bayern so zahlreich geworden, daß man, wie schon das Beispiel des Conrad von Freyberg zeigt, auch die Dienste landesfremder Adliger in Anspruch nehmen mußte. Auch Pankraz scheint sich in den ersten Aschauer Jahren verschiedentlich nach anderen Diensten außerhalb Bayerns umgesehen und entsprechende Verbindungen geknüpft zu haben.

Schon bald nach seiner Rückkehr nach Hohenaschau hatte er einen umfangreichen Briefwechsel mit bedeutenden Herren seines Standes begonnen. Den meisten war er auf den Feldzügen, die er mitgemacht hatte, oder auch in einer kurzen Zeit kaiserlichen Dienstes in Innsbruck begegnet. Um ein paar Namen zu nennen, dem Kurfürsten von Sachsen, dem Herzog von Württemberg, dem Pfalzgrafen von Neuburg und den als eher tolerant geltenden Bischöfen von Augsburg und Salzburg. Auch zu großen Herren im Herzogtum selbst hielt er Verbindung. Mit dem zweiundzwanzig Jahre jüngeren Grafen Joachim von Ortenburg war er eng befreundet, fast eine Art älterer Bruder. Viele seiner Freunde sympathisierten mit der Reformation, aber einen direkten Bruch mit der Kirche hatte bisher keiner vollzogen, auch Pankraz nicht. Einige bezeichneten sich oder auch andere als "etwas außerhalb der Religion."

Herr auf Hohenaschau

Der Vater übertrug, "nachdem ich durch den Willen und Gewalt Gottes des Allmächtigen mit Alter und Schwachheit dermaßen angegriffen bin," mit "Gewaltbrief" vom 6. April 1535 den gesamten Besitz auf seine drei Söhne. Der älteste, Pankraz, sollte die Herrschaft regieren, die Gerichtsbarkeit ausüben und die Güter und Wirtschaftsbetriebe verwalten, für zunächst acht Jahre. Graf Christoph von Ortenburg, ein Schwager seines Vaters, war einer der beiden Zeugen, der die Übertragungsurkunde mit siegelte.

Mit der Herrschaft Hohenaschau, der Hofmark Söllhuben und dem Erbe seiner Mutter in Tirol waren Pankraz nach dem Tod seines Vaters und seiner Brüder große Besitzungen im Priental, in dessen Nachbarschaft und in Südtirol sowie ein beachtliches Vermögen zugefallen. In Aschau besaß er die niedere und die hohe Gerichtsbarkeit, "den Hals." Mit der Hofmark Söllhuben war die Patrimonialgerichtsbarkeit verbunden. 1536 erhielt er wegen seiner Verdienste im Italienfeldzug durch Kaiser Karl das Privileg, neben dem freybergischen auch das Aschauer Wappen zu führen und seinen Schild mit rotem Wachs zu petschieren. Die Akten über die Wappenbesserung und die sog. Rotwachsfreiheit von 1539 sind in Wien im Allgemeinen Verwaltungsarchiv erhalten.

1538 konnte Pankraz Maria Kitzscher von Elkhofen heiraten, eine gute Partie. Den Ehekontrakt, dessen Einzelheiten man bei Peetz nachlesen kann, hatten die herzoglichen Räte Graf Moritz von Ortenburg, Hans Preysing von Kronwinkl und Andreas Perneder verfaßt. Auf beiden Seiten siegelten jeweils drei Herren aus hohem Adel und in hohen Ämtern mit. Es wäre zu verwirrend, auch deren Namen noch aufzuführen. Wenn sie nicht schon verwandt oder befreundet waren, auf den Landtagen, den Versammlungen der Stände, begegneten sie sich alle wieder.

Pankraz beteiligte sich an allen Landtagen und wurde auch meist in den "Ausschuß" gewählt, dem zwischen den vom Herzog einberufenen Landtagen bestimmte Funktionen übertragen waren. Dort wurde, modern gesprochen, Politik gemacht, wurden Bündnisse geschlossen und Fraktionen gebildet. Es ist leicht einsichtig, daß ein ritterschaftlicher Herr mit seinem Ansehen, seinen Erfahrungen, Verbindungen, Kenntnissen und Möglichkeiten dort eine besondere Rolle spielen würde und das hat er in der Tat auch getan. Die Freybergs, obwohl nicht reichsfrei, sondern eindeutig bayerische Landsassen, waren durch Pankraz eine der ersten Familien des Landes geworden. Gewiß nicht zur vollen Freude aller Räte des Herzogs und der Beamtenschaft, deren sorgfältig vorbereitete Züge in der Landschaft von den Ständen immer mal wieder durcheinander gebracht wurden, wobei Freyberg auch manches von außen an ihnen und möglicherweise auch an dem Herzog vorbei bewegte. Als ausgesprochen opponierender Standesherr ist er damals aber gegenüber seinem Herzog noch nicht aufgefallen.

Schon 1540 hatte er mit Verkaufserlösen aus dem Erbe seiner Mutter Wildenwart erwerben und auch die letzten noch in der Herrschaft Hohenaschau bestehenden Edelsitze aufkaufen können. Seit 1540 ließ er die alte Burg zum Wohnschloß im Stil der Renaissance ausbauen. Bis dahin hatte sich auf der alten Burg wenig bis gar nichts getan. Erst mit seinen Um-, An-, und Ausbauten beginnt die eigentliche

Baugeschichte. Seit damals ließ er auch seine Herrschaft "vermarken", d.h. ihre Grenzen gegen die Nachbarherrschaften kennzeichnen. Einer dieser Grenzsteine steht heute rechts der Straße zwischen Wilhelming und Kothöd.

Des Bruders Tod trug ihm 1544 auch die erste Bekanntschaft mit der herzoglichen Justiz ein. Als er sich weigerte, dessen Schulden bei einem Kehlheimer Juden zu begleichen, wurde er solange in Haft genommen, bis er gezahlt hatte. Aber das kann nicht besonders auffällig oder anstößig gewesen sein, denn im gleichen Jahr bestellte ihn der alte Herzog zum Pfleger von Aibling, was angesichts der Religionsedikte und der Vorgänge um seine Mutter verwundern müßte, wenn es damals schon ernsthafte Zweifel an seiner Gesinnung gegeben hätte. Im Schloß zu Aibling kam auch der erste Sohn zur Welt.

Allerdings gleich im zweiten Jahr seiner Alleinherrschaft mußte Pankraz einen Prozeß mit religiösem Hintergrund gegen den Propst von Herrenchiemsee führen. Dieser hatte die Gemeinde zu Hohenaschau als lutherisch und "täuferisch" gescholten. Freyberg strengte daraufhin gegen ihn eine Injurienklage an. Der Propst verbreite ein unwahres und ehrverletzendes Gerücht, ihm werde damit die Duldung derartiger Bestrebungen unterstellt, wogegen er sich verwahre. Pankraz hatte gute Gründe, gegen den ihn kompromittierenden Verdacht öffentlich aufzutreten. Da waren die alte Geschichte mit seiner täuferischen Mutter, die bekannte Sympathie der Familie für die Reformation der Kirche und die Religionsedikte des Herzogs. Der Propst mußte widerrufen. Für den jungen Herrn und seine Pläne im Bergbau und auch für sein Amt als Pfleger zu Aibling - in beidem war er zumindest auf das Wohlwollen des Herzogs angewiesen - hätte der vom Propst öffentlich ausgesprochene Verdacht gefährlich werden können.

Pankraz war weder ein Studierter, noch ein Gelehrter, hatte aber solche in seinem Dienst. Auch verstand er es, die Feder zu führen und war außerordentlich vielseitig, nicht zuletzt an religiösen und politischen Vorgängen interessiert. Der Geist seiner Zeit hatte ihn voll gepackt. Für seine Persönlichkeit ist auch die Bibliothek kennzeichnend, die er sich zulegte und deren reichen Bestand wir durch das Inventar seines Sohnes kennen.

Nach relativ kurzer Amtszeit als Pfleger mußte er sich seit 1548 wieder ausschließlich der Förderung und Abrundung seines Besitzes widmen. Dabei stieß er auf anders gelagerte Interessen und wurde in zahlreiche Prozesse verwickelt, die sich lange Zeit hinzogen.

Pankraz verbesserte die organisatorischen und wirtschaftlichen Grundlagen seiner Herrschaft. Er begann mit Modernisierungen der Alm-, Forst- und Weidewirtschaft und schuf damit der Landwirtschaft eine tragfähigere Grundlage, "eine Normative, deren Frucht ein gesteigerter Wohlstand an den gereinigten Bächen befriedigender Arbeit sein sollte." Sein Augenmerk beschränkte sich aber nicht auf die Land- und Forstwirtschaft. Die Gegend bot mehr. 1546 hatte er das Bergrecht an der Kampenwand erhalten und die Eisenhütte und den Eisenhammer in Hohenaschau gegründet. 1549 folgte die Brauerei. Es gab also gute Gründe dafür, daß der Herr von Hohenaschau trotz seiner frühen militärischen Ambitionen und immer noch vorhandenen Interessen sich in diesen Jahrzehnten aus den kriegerischen Verwicklungen heraushielt.

Fassen wir bis dahin zusammen: Pankraz hatte sich als junger Ritter einen angesehenen Namen verschafft, einflußreiche Freunde gewonnen, ein reiches Erbe angetreten, gut geheiratet, den ererbten Besitz erfolgreich arrondiert, sich als ungewöhnlich tüchtiger und weitsichtiger Inhaber der Herrschaft erwiesen, die Steuerkraft seiner Herrschaft und damit auch indirekt seine Einnahmen gehoben, sich um die Wehrkraft seiner Untertanen und Grundholden gekümmert und den Schritt zum Eisenhüttenunternehmer gewagt. In den über fünfzehn Jahren, in denen er sich überwiegend seiner Herrschaft, seinem Vermögen und seinen wirtschaftlichen Interessen widmete, hatte er dem Priental einen bedeutenden wirtschaftlichen Aufschwung und Wohlstand gebracht und über all das sorgfältig Bücher führen, selbst Listen über die Waffen seiner Grundholden anlegen lassen. Mitten in diesen Plänen erreichte ihn der Ruf nach München.

Der Hofmarschall und sein Umfeld

Mit dem jungen Herzog waren, wie schon erwähnt, neue Ideen und neue Männer nach München und an den Hof gekommen. Albrecht V. war schon früher auf Pankraz aufmerksam geworden. Dieser war zwanzig Jahre älter als der Herzog, erfahren, angesehen, einflußreich. Die Loyalität der Familie zum Herzogshaus war seit Generationen erprobt.

1550, kurze Zeit nach seinem Regierungsantritt, zog der Herzog den Herrn von Hohenaschau an seinen Hof und ernannte ihn zum Geheimen Kammerrat (7). Die einen sagen, wegen seiner Fähigkeiten, seiner Bildung und seines lauteren Charakters (Bomhard). Andere meinen, daß sich Albrecht eines erfolgreichen und angesehenen Herrn wegen seiner Probleme mit den Ständen versichern wollte.

Wenn einer den Druck der Stände und ihre internen Probleme auffangen konnte, dann sicher eher er als andere. Er war schließlich einer von ihnen und außerdem kein Gegner des Herzogs von Anfang an. Drei Jahre später machte ihn Albrecht zu seinem Hofmarschall, dem obersten Beamten für das gesamte Hauswesen des Hofes. Er war nach dem Landhofmeister der zweitwichigste Hofbeamte, als dessen Vertreter er auch galt. Er führte auch den Befehl über die gesamte Kriegsmannschaft und die Aufsicht über das Zeughaus. Bei allen Reisen des Herzogs hatte er die Funktionen eines Generalqartiermeisters zu erfüllen.

Für den Münchner Hof war Freyberg zwar ein Außenseiter, aber alles andere als ein unbeschriebenes Blatt. Er war bekannt, galt als reich, erfolgreich, tüchtig und zupackend, vielleicht auch manchmal etwas unkonventionell. Auf Grund seines großen Vermögens konnte er sich den spärlich besoldeten Hofdienst leisten und spielte eine Rolle bei Hof und in der Residenzstadt, eine relativ unabhängige Rolle. Bei einem Besuch des Kaisers am Münchner Hof wurde er zur Begleitung von dessen Töchtern abgeordnet. Schließlich wußte man um seine Vergangenheit im Dienste des Kaisers.

In verschiedenen Feldzügen hatte er seinen militärischen Ruf begründen können. Er kannte, wie man so sagt, Gott und die Welt, hatte vielfältige Verbindungen und stand mit anderen großen Herren im Briefwechsel. In den vier Jahren als Pfleger von Aibling hatte er auch Verwaltungserfahrung sammeln können. Wenn es um sein Recht oder auch nur um seine Meinung ging, gab er nicht klein bei, sondern war bereit zu kämpfen. Sehr diplomatisch war er allerdings ganz offensichtlich nicht, aber diese Eigenschaft paßt auch noch nicht so ganz in diese Zeit und die überlieferte ritterliche Vorstellungswelt.

Diesen Mann also hatte sich der junge Herzog nach München geholt. Als Hofmarschall hatte er mit Truchseß, Kämmerer und Schenk eines der vier obersten Hofämter inne, war Vertreter des Landhofmeisters, was umso bedeutungsvoller war, als damals Hof- und Staatsämter noch nicht klar getrennt waren. (8)

Seinem Ruf als energischer Mann auch in der Verwaltung wurde er in kurzer Zeit voll gerecht. Der Herzog nannte ihn seine andere Hand, eine Ehrenbezeichnung, die eigentlich nur dem Landhofmeister zustand.

Der Hofmarschall war der Mann, auf den der Herzog setzte. Jeder konnte das mitbekommen. Was er in die Hand nahm, brachte er voran, selbst eine gewisse Ordnung in die ziemlich desolate Hauswirtschaft des Fürsten. Es war zweckmäßig, sich mit ihm gut zu stellen. Fremden Gesandten und Besuchern des Hofes gewährte er Gastrecht, was wiederum eigentlich eher Sache des Landhofmeisters gewesen wäre. Aber der Herzog fand nichts dabei, nahm das ganz selbstverständlich an.

Die wachsende Machtfülle des Hofmarschalls blieb nicht ohne Neider. Je mehr er in die eigentliche Verwaltung einbezogen wurde und wohl auch von sich aus eingriff, umso unvermeidlicher mußte er mit den Interessensbereichen anderer zusammenstoßen. Er war maßgeblich an der Revision der bayerischen Landes- und Polizeiordnung, der Neuordnung der inneren Landesverwaltung, beteiligt. Konflikte mit Landhofmeister, Hofkanzler und Hofkammerrat waren eigentlich vorprogrammiert.

Hofmarschall war kein repräsentatives Amt, das so nebenbei wahrgenommen werden konnte. Der Hofmarschall hatte in München präsent zu sein. Von ihm wurde auch eine gewisse Gastgeberrolle, die Bewirtung und auch Aufnahme von Gästen in seinem Haus erwartet. Freyberg hatte sich zunächst ein Haus in der Schlosserstraße gemietet und dann ein erstes in dem damaligen Kleubergäßchen, später Landschaftsgasse genannt, gekauft und danach eines in der Schwabinger Straße nach eigenen Vorstellungen gebaut. Dort kamen auch zwei seiner Kinder zur Welt. Pankraz Freyberg war der erste Herr auf Hohenaschau, der sich in München ein eigenes Haus erbauen ließ. Das Wort Adelspalais war noch nicht allgemein üblich. Wir wissen auch nicht, wie das Haus ausgesehen hat. Aber von einem können wir sicher ausgehen, daß er den Aufenthalt am Hof und in München nicht als vorübergehend ansah, sondern sich dort, in seinem hohen Amt, in der nächsten Umgebung des Herzogs auf Dauer einzurichten dachte. Die Verwaltung seines großen Besitzes und seiner Wirtschaftsunternehmen hielt er von München aus für möglich, wie dies später dann auch bei den Preysings-Hohenaschau üblich wurde.

Das Haus mußte den vielfältigen Aufgaben des Hofmarschalls gerecht werden und neben der Kanzlei seines Hofamtes, das des Mitglieds der Landstände und eine Art Nebenstelle der Hohenaschauer und Wildenwarter Ämter und der Bergwerke und Eisenhüttenunternehmen aufnehmen. Ein regelrechtes Berichtswesen mußte aufgebaut werden. Das alles war außerordentlich aufwendig und lag weit über den vom Hof zu erwartenden Bezügen. Zu dem Haus mit Schreibern, Dienstpersonal und Knechten waren ständig ein halbes Dutzend Pferde bereitzuhalten.

Hohenaschau und die Wirtschaftsbetriebe wurden von seinen dortigen Bediensteten unter Aufsicht seiner Frau und des Verwalters und Richters erledigt. Ein umfangreicher Briefwechsel hat sich aus dieser Zeit erhalten. Von München aus verlegte er 1555 die Mauerkirchener Jahrmärkte nach Aschau. 1558 erließ er eine Almordnung für das Sachranger Tal und ordnete auch das Samerwesen, d.h. den durchziehenden Fuhrbetrieb, was man wiederum alles in erschöpfenden Einzelheiten bei Peets nachlesen und noch vollständiger in den beiden Münchner Archiven, die die Aschauer Bestände aufbewahren, nachvollziehen kann.

Freyberg hatte, wie Wiguläus Hundt in seiner Chronik später nicht ohne Schadenfreude festhielt, seinen Säckel weit aufmachen und von seinem eigenen Vermögen große Summen beisteuern müssen, natürlich in der Erwartung, daß die herzogliche Gnade das irgendwann und irgendwie einmal ausgleichen würde. Die Übertragung von Bergrechten und die Erlaubnis von Wochenmärkten in Prien und Aschau können als Beispiele dafür gesehen werden.

Der Eisenhüttenunternehmer

Mit Pankraz waren die Herren von Aschau und Wildenwart auch frühe industrielle Unternehmer geworden, eine Verbindung von Hofamt, Staatsamt, Standesherrschaft und wirtschaftlicher Betätigung, wie man sie ähnlich und erst wesentlich später nur bei den berühmten schlesischen Familien antrifft. Standesherr, Geheimer Hofkammerrat, Hofmarschall und gewerblicher Unternehmer, diese Kombination in einer Person steht in Bayern zu dieser Zeit singulär.

1552 verkaufte der Herzog dem zum Hofkammerrat berufenen Herrn von Hohenaschau die Konzession der herzoglichen Eisengruben am Kressenberg bei Traunstein, mit Schmelzhütte und Hammerwerk in der Au. Zugleich bewilligte er ihm das Holzeinschlagrecht auch in Siegsdorf und Bergen. Erst dadurch konnte der Erzbergbau dort richtig in Schwung kommen und Pankraz in kurzer Zeit ein erfolgreicher Eisenhüttenunternehmer mit Beteiligungen auch an braunschweigischen und württembergischen Bergrechten in Tirol werden. Es gelang ihm, in relativ kurzer Zeit die defizitären Betriebsteile zu sanieren und einer der Hauptlieferanten für das im aufstrebenden Salzbergbau Reichenhalls in beträchtlichem Umfang benötigte Eisenzeug zu werden.

Das Erz vom Kressenberg wurde in Hammer und Aschau, später auch in der Nähe von Bergen verhüttet. Man war jetzt unabhängig von Tirol geworden, mußte das auch werden, nachdem die ehemals bayerischen Ämter Kitzbühel, Rattenberg und Kufstein und mit ihnen die dortigen Vorkommen verloren gegangen waren. Durch das Erz, seine Verhüttung und die Weiterverarbeitung entstanden die ersten vorindustriellen Gewerbe im Chiemgau und bildeten bis über die Mitte des vergangenen Jahrhunderts eine von der Landwirtschaft unabhängige Grundlage der Beschäftigung.

Die Rechnungen der Bergwerks- und Eisenhandelsunternehmen sind im Hohenaschauer Archiv erhalten geblieben. Sie beginnen 1546 mit den Rechnungen der Herrschaft Aschau über die Eisenbergwerke und dem damit verbundenen Eisenhandel und ab 1555 mit dem Hammerwerk Aschau und enthalten auch noch Inventare über die Eisenvorräte. Aus den Rechnungen sind auch die Namen der Verwalter der Bergwerksbetriebe zu entnehmen. Sie mußten besonders zuverlässige und fähige Leute sein. Denn über zehn Jahre hin war das alles, wie auch die landwirtschaftlichen Betriebe im Priental und die herrschaftlichen Aufgaben, von München aus zu steuern. Der Eisenhüttenherr konnte nur gelegentlich selbst nach dem Rechten sehen.

In dieser Gegend waren Bergbau und Eisenhütten in dieser Form und vor allem in der Dimension, in der Freyberg das anlegte, etwas ganz Neues: Die Herrschaft erhielt, wie man heute sagen würde, eine ganz andere Struktur. Es gab nicht nur die Knappen im Bergbau, die Fuhrleute, die Hammerwerker. Auch weiterverarbeitende Handwerker wurden angesiedelt, ganz neue Berufe entstanden im Priental. Den Hüttenarbeitern, Nagelschmieden und Holzknechten wurden Waldstücke um die Burg zur Rodung und Besiedlung zugewiesen. An den zahlreichen kleinen Wasserläufen betätigten sich weitere kleingewerbliche Unternehmen.

Peter von Bomhard weist zu Recht darauf hin, daß die geschichtliche Entwicklung Hohenaschau das Gepräge einer herrschaftlichen Hofhaltung mit "industrieller" Außensiedlung nachmittelalterlicher Zeit gegeben hat. Bergbau und Eisenverarbeitung, die Organisation dieses ganzen miteinander verbundenen Gewerbes, der Ablauf des Geschäfts und der damit zusammenhängenden verbundenen Aufgaben und Möglichkeiten müssen Pankraz fasziniert haben.

Der Bauherr

Auch Pankraz' Wirken als Bauherr geht weit über das anderer Standesherren hinaus. Die Um- und Anbauten in Hohenaschau hatten schon 1540 begonnen und wurden auch nach der Übersiedlung an den Hof von München von dort aus weitergeführt und dirigiert. Über fünfzehn Jahre dauerte der Umbau der alten Burg zum repräsentativen Wohnschloß im Stil der Renaissance.

Die Zahl der Wohnräume wurde durch den Ausbau der zwischen dem Pallas im Osten und dem Bergfried im Westen gelegenen Nord- und Südtrakte vermehrt. Die Geschoß- und Dachhöhen wurden dem Stil angeglichen und erhöht. Das heutige obere Burgtor wurde erneuert und mit Eisenplatten aus Bergen beschlagen, was wahrscheinlich Teil des Ausbaus eines gemauerten Wehrgangs um die Vorburg herum war. Später wurden in Bergen die eisernen Öfen gegossen, die bis in die neuere Zeit in vielen Räumen des Obergeschosses des Schlosses standen. Auch der Innenausbau wurde vorangetrieben. Der Tischler des Abts von Rott am Inn erhielt den Auftrag zu einer Zimmeraustäfelung. Der Hofglaser Ostendorfer in München hatte schon 1548 den Auftrag für zwanzig große Fensterscheiben mit biblischen Motiven erhalten. Den Abschluß bildete der Aussenverputz und die Bemalung im Jahre 1556.

Mit zu diesem Kapitel gehören, eigentlich etwas ungewöhnlich, der Ausbau der Verteidigungsanlagen um das Schloß, die Vorburg, Bastionen und Rondells, der dem herzoglichen Hofbaumeister Wilhelm Egckl übertragen wurde.

Das Innere des Schlosses, Zahl der Räume, Einrichtung und Verwendung ist in einem Inventar von 1567 aufgeführt. Wie die Burg von außen damals ausgesehen hat, gibt die Zeichnung von Apian um 1568 wieder.

Die Wirtschaftsbauten haben baugeschichtlich insofern Bedeutung, als sie zu den frühen Zweck- und Gewerbebauten des 16. Jahrhunderts gehörten. Die überlieferten Quellen sagen allerdings mehr über die Kosten als über die Architektur. Wie für das Schloß wurden aber auch mit den Wirtschaftsbauten des Pankraz die Grundlage der Bausubstanz und die Baustruktur der Hüttenwerke in Bergen und Aschau und des Aschauer Eisenhammers für Jahrhunderte geschaffen.

Man muß sich fragen, wie wirkte das alles, die Kombination von Standesherr, großem Grundbesitzer, Berg- und Eisenhüttenunternehmer und Bauherr auf seine Zeitgenossen? Wir wissen es nicht, können es nur vermuten, haben aber von der geistigen Vorstellungswelt des 44jährigen Ritters aus seiner Zeit am Münchner Hof ein schönes Beispiel.

Vom wahren Adel

Diese geistige Vorstellungswelt spiegelt sich in der Widmung eines Berichts wider, die der Hauslehrer dem Vater 1553 über den Stand der Erziehung seiner Kinder voranstellte, "dem edlen und vhesten Pankratzen von Freiberg zu Aschau und Wildenwart Fürstlichem Bayerischen Chamerrat, Meinem günstigen und gepietendem Herrn." Das längst ungebräuchlich gewordene Wort "vhest" diente als Formel und ehrenvolle Anrede an Edelleute.

Johannes Weiglhamer, "der freien Künst Liebhaber", gab in seinem Bericht an Pankraz von Freyberg zunächst einen Überblick über das Erziehungsprogramm für seine drei Söhne: zuerst die Gottesfurcht, dann die freien Künste, die Tugendhaftigkeit, ehrliche Mores und Sitten. Als erstes habe er die Knaben im lateinischen Katechismus in all den Teilen unterwiesen, die ein Christ wissen muß, dann im Alexandrum und diesen auch deutsch, damit es auch die Frau verstehe. Das Alexandrum war ein "Doctrinale puerum" des Alexander von Villa aus dem 13. Jahrhundert, ein Lehrgedicht, das als versifizierte Grammatik und Schulbuch damals noch gebräuchlich war, wenn sich auch die Humanisten wegen des seltsamen Lateins schon darüber lustig machten. Aber das hatten vermutlich weder Weiglhamer noch die Freybergs mitbekommen.

Was die freien Künste angehe, so sei er, Weiglhamer, bei seinem Studium von seinem Lehrer auf das Büchlein "De vera nobilitate" aufmerksam gemacht worden. In zwei lateinischen Reden werde darin trefflich und zierlich dargelegt, was der Adel sei, wo er herkomme und wer billig edel oder unedel zu nennen sei. Weil man durch die Lektüre sowohl lateinisch reden als auch den Ursprung des wahren, echten Adels, die Tugend, erlernen könne, habe er die Orationes dem ältesten Sohn Wilhelm, der krankheitshalber nicht aus dem Haus dürfe, überlassen.

Bei dem erwähnten Buch handelt es sich vermutlich um ein ebenso erfolgreiches wie heiß diskutiertes Werk des 15. Jahrhunderts, "De nobilitate liber", das Buch vom Adel, das einen Dialog zweier Florentiner Gesprächspartner (Lorenzo Medicis mit dem Humanisten Niccolo Niccoli) um die Thesen von Platon und Aristoteles über virtus und ratio und das Tugendideal im rechten adligen Leben wiedergibt.

Die beiden jüngeren Brüder seien in der lateinischen Grammatik freilich noch nicht so weit, daß sie das lesen könnten. Darum liege der Schwerpunkt ihrer Erziehung noch in der Gottesfurcht, also zu wissen, was Gott sei, nämlich ein Regierer und Leiter aller unserer menschlichen Dinge. Das nächstliegende sei hier, daß die Kinder ihren Eltern Ehrerbietung (respectum) erwiesen und man ihnen deshalb erklären müsse (fein vorhalten), wer sie seien und welchen Ursprungs. Ihres herrlichen Geschlechts und ihrer ansehnlichen Eltern müssten sie entsprechend lernen und sich demgemäß aufführen (halten).

Johannes Weiglhamer brachte nun Beispiele aus dem Buch und der Schule des Sokrates, des Aesop und schließlich auch Platos. Diese Lehren sollten den Knaben aus so herrlichem Geschlecht, Kinder so angesehener und tapferer Leute, immer wieder nahe gebracht und "eingepüldet," gemeint ist vielleicht "eingebleut," werden, damit sie den Adel ihrer Herkunft mit dem rechten Adel der Tugend bestätigten. Diogenes habe einen echten Adligen dieser Art mit einem schönen goldenen Ring verglichen, der mit einem kostbaren Stein verziert sei. "Denn es ist ein fein Ding, so ein Edelmann, der von trefflichem Geschlecht und Eltern abstammt und dieser Abstammung das Studium und die Erkenntnisse der freien Künste hinzufüge.

So würden die Knaben zu nützlichen Gliedern der Gesellschaft und Dienern (Samen) des gemeinen Nutzen erzogen werden, damit sie, wenn ihre Zeit komme, zu Ämtern und zur Regierung taugten. Denn Plato habe oft gesagt, daß es um den Gemeinnutz gut stehe, wenn die Philosophie und die Liebe zur Weisheit regierten (Regenten und Obristen wären).

Weil das alles so wichtig sei, habe er, der freien Künste Liebhaber, die lateinischen Orationes ins Deutsche übersetzt und diese Übersetzung könne er niemand würdigeren als ihm, dem Vater, widmen, der alle Eigenschaften des wahren Adligen habe. Denn wenn man von dem Ansehen eines Geschlechts sprechen wolle, wo sei da ein Edelmann im ganzen Bayernland, der es sich mit ihm nach altem Herkommen, oder mit der Ehre und dem Ansehen seiner Eltern vergleichen könne? Dem Reichtum nach habe er schöne und große Herrschaften, denen er mit großer Treu und Lob vorstehe und sie regiere. Gleiches gelte, wenn man Tugend und Gemüt betrachte. Gerechtigkeit, Liebe der wahren und richtigen Religion, Freigebigkeit, Güte, Gottseligkeit, Glauben, Beständigkeit, Mäßigkeit und Weisheit. Über alle diese Tugenden verfüge er und würde deshalb von vielen verehrt und eben deshalb dezidiere er ihm das Werk und bitte, daß seine kleine Mühe gut aufgenommen werde und er in ihm wie bisher seinen untertänigsten, gehorsamen und treuen Diener erkenne.

Dies also schrieb und widmete am Vorabend des 1. Februar 1553 Johannes Weiglhamer, der freien Künste Liebhaber, seinem Herrn, dem Vater der drei Söhne, deren Erziehung zu wahrem Adel ihm übertragen war.

Reform oder Reformation?

1552 hatte der mit Frankreich verbündete Kurfürst Moritz von Sachsen dem Kaiser im Vertrag von Passau die freie Religionsausübung für die Bekenner der Augsburgischen Konfession abgezwungen, "bis zum nächsten Reichstag", auf dem erneut zu entscheiden war. Hätte das nicht auch wenigstens für den landsässigen Adel unter katholischen Landesherrn gelten können, zumal in Bayern, dessen Herzog beim Zustandekommen des Passauer Vertrages hilfreich gewesen war?

1545 war die Eröffnung des Konzils von Trient erfolgt. Zehn Jahre später brachte der Augsburger Religionsfrieden für Deutschland die reichsrechtliche Anerkennung auch der Augsburger Konfession neben der katholischen: "Damit ein solcher Frieden der gespaltenen Religion wegen, wie es die hohe Notwendigkeit des Heiligen Reichs deutscher Nation ...erfordert..., deshalb sollen die Kaiserliche Majestät, wie die Kurfürsten, Fürsten und Stände des Heiligen Reiches keinen Stand des Reiches wegen der Augsburgischen Konfession und deren Lehre, Religion und Glauben mit Gewalt überziehen, beschädigen, vergewaltigen oder auf anderen Wegen wider sein Gewissen und seinen Willen in bezug auf Religion, Glauben, Kirchenbräuche, Ordnungen und Zeremonien... zwingen oder durch Gesetze oder auf andere Weise beschweren oder verachten, sondern sie sollen sie bei dieser Religion... auch in ihren liegenden und fahrenden Gütern, Land, Leuten, Herrschaften, Obrigkeiten...ohne Klage und friedlich lassen, und die strittige Religion soll nicht anders denn durch christliche, freundliche und friedliche Mittel und Wege durchgesetzt werden ...

und dies bei Strafe des Landfriedens." Was alles natürlich in gleicher Weise auch, wie es im Text weiter hieß, für die rechtgläubigen Anhänger der alten Kirche unter protestantischer Herrschaft galt. Auch sie sollten, wenn sie wollten, in Frieden, unbelästigt, mit aller Habe und nach ordentlichem Verkauf ihres Besitzes das Land verlassen können.

Mit dem Augsburger Religionsfrieden hatte Herzog Albrecht als Reichsstand das Recht erhalten, in seinem Land die Glaubens- und Kirchenordnung festzulegen. Teile des Adels und des Bürgertums strebten dem Protestantismus zu. Aber "cuius regio, eius religio" (frei übersetzt: Der Fürst bestimmt die Religion seines Landes), das stand nicht wörtlich in der Augsburger Urkunde. Das war, wie man gesagt hat, der dahinter stehende Rechtssatz. Wie könnte sich das in den bereits evangelisch gesonnenen Teilen des Landes, in den reichsunmittelbaren Enklaven wie in der Grafschaft Ortenburg und in landsässigen Herrschaften wie in Hohenaschau auswirken? Alles hing von dem Herzog ab. Auch in den Augsburger Verhandlungen war er wieder eher auf der Seite der nach einem Ausgleich suchenden Fürsten zu finden. Man mußte sich um den in Religionsdingen bisher eher lauen Landesherrn kümmern. Man, das waren beide Seiten.

Der Augsburger Religionsfriede schien eine gute Nachricht zu sein, nicht zuletzt für Pankraz von Freyberg. Es kam darauf an, wie der Herzog seine Bestimmungen anwandte.

1556 schloß Albrecht mit der Stadt Augsburg und anderen einen Bund zur Aufrechterhaltung des Landfriedens, dem König Ferdinand, mehrere Kurfürsten und Bischöfe und die meisten fränkischen Reichsstädte beitraten. Dieser nach dem Vertragsort so genannte Landsberger Bund mit Albrecht von Bayern als Bundeshauptmann an der Spitze war im gesamten süddeutschen Raum von großem Einfluß. Obgleich konfessionell gemischt, war er in der Zielrichtung die Sammlung einer um die überlieferte Ordnung bemühten Gruppe, wie Goetz meint, "nicht zum Angriff, wohl jedoch zur Verteidigung der katholischen Interessen." Jedes Mitglied dieses Bundes mußte eine bestimmte Anzahl von Truppen und Munition unterhalten, was dem Münchner Hofmarschall entsprechend seiner Aufgabenstellung zur Kontrolle übertragen wurde.

Im gleichen Jahr hatte Albrecht Laienkelch, Priesterehe und die Nichtbefolgung der Fastengebote bis auf weiteres straffrei gestellt.

Am Hof zu München, könnte man etwas dramatisch formulieren, hatte der Kampf um die Seele des Herzogs begonnen und damit verbunden der um die Einsicht in die existentielle Bedeutung der Glaubensentscheidung für den Bestand des Herzogshauses. Es war zugleich auch ein Kampf um den maßgeblichen politischen Einfluß auf den Landesherrn, dessen Stellung gegenüber seinen Ständen, und um das Gewicht Bayerns im Reich. Man darf, um Albrecht gerecht zu werden, seine Politik in dem bereits laufenden Konflikt nicht auf den religiösen Bereich verkürzen, sondern muß den landespolitischen und dynastischen Zusammenhang mit hinzunehmen. (9)

Der Hofmarschall neigte der Reformation zu. Ihm mißgünstige Gegner der Reformation und Anhänger des Trientiner Reformkonzils sammelten sich in der Umgebung des Herzogs. Aber noch fehlte ihnen der eigentliche Kopf.

Die Gegner der Reformation hofften, daß das Konzil der Kirche neue Widerstandskraft gegen den Protestantismus geben, die Grundlagen für einen neuzeitlichen Katholizismus schaffen und die protestantische Bewegung insgesamt auffangen könnte, also die immer noch laufende Lawine stoppen würde. Womit Wilhelm IV. trotz der Hilfe der Jesuiten letztlich gescheitert war, die lutherischen Lehren aus seinem Land herauszuhalten, sollte mit einem neuen Kraftakt und einer erneuerten Kirche gelingen.

Bis zu den abschließenden Beschlüssen 1563 war aber vieles noch offen, ließ man manches noch durchgehen oder übersah es einfach. Auch wurde in Trient immer wieder versucht, Personen und Lehren auseinanderzuhalten, anders ausgedrückt, den Reformatoren die Möglichkeit lange offen gelassen, selbst auf dem Konzil zu erscheinen, was sie freilich nicht taten und auch nicht brauchten.

Wichtig wurde für große Teile des das östliche Bayern umfassenden Bistums Chiemsee das Verhalten des Salzburger Fürstbischofs. Der Augsburger Religionsfriede hatte ja die Kirchenspaltung keineswegs festgeschrieben, sondern den Frieden zwischen den beiden im Reich vorhandenen Konfessionen sichern wollen. Johann Jakob von Kuen-Belasy (1560-1586) versuchte durch Reformen und möglichstes Entgegenkommen gegenüber den neuen Strömungen - wie übrigens seine Vorgänger auch - die Kirchenprovinz Salzburg und damit auch das Bistum Chiemsee aus der Kontroverse herauszuhalten.

Einer seiner Salzburger Domherrn, Wolf Dietrich von Maxlrain, hatte 1543 resigniert und bereitete den Glaubenswechsel seiner Herrschaft Maxlrain vor. Ungehindert konnten dort protestantische Prädikanten auftreten und fanden auch aus der Nachbarschaft großen Zulauf. Viele reichsunmittelbare Herren verhielten sich ähnlich. Graf Frauenberg machte den Anfang. 1557 führte er in seiner reichsunmittelbaren Grafschaft Haag mitten in Oberbayern die neue Lehre offiziell ein. Damit war die offene Auseinandersetzung innerhalb Bayerns unvermeidlich geworden. Maxlrain war nur in einem Teil seiner Lehen, in der Freiherrschaft Waldeck, reichsunmittelbar. Da hatte ihm der Herzog nicht dreinzureden. In anderen Teilen war er aber ein Landsasse des Herzogs, und da hatte dieser nicht nur mitzureden, sondern in konfessionellen Fragen das alleinige Entscheidungsrecht.

1556 hatten Vertreter der Landschaft dem Herzog das Zugeständnis des Laienkelchs auch in Bayern abgerungen, aber das war keine Freigabe des protestantischen Gottesdienstes, sondern der Versuch, evangelischen Wünschen innerhalb der Kirche entgegenzukommen. Im Jahr darauf gewährte der Herzog die sogenannte Edelmannsfreiheit, das Recht des Adels, in seinen Gütern auch außerhalb der Hofmarken die niedere Gerichtsbarkeit auszuüben. Das war in mühsamen Verhandlungen auf den Landtagen zugestanden worden, um diese zur Übernahme der horrenden Schulden des Herzogs auf die Landschaftskasse zu veranlassen.

Auch wenn der Herzog später wieder versuchte, von dem Zugeständnis des Laienkelchs wegzukommen, das Wort war einmal gegeben worden. Es existierte in protestantischen Kreisen sogar eine Gedenkmünze über dieses Zugeständnis mit der Aufschrift "Ich säh es gern noch besser." Was war "noch besser?" Die volle Anerkennung der Augsburger Konfession auch in Bayern?

Der Fürst und seine Stände

Nach langwierigen Verhandlungen war auf dem Landtag zu Landshut 1508 eine umfangreiche Landesfreiheitserklärung vereinbart worden, die die Rechte der Stände gegenüber dem Herzog und seiner Verwaltung beschrieb. Künftig sollten die Herzöge vor der Erbhuldigung der Stände diese Erklärung bestätigen und alle Beamten in Justiz und Verwaltung auf sie verpflichten. Der junge Herzog zögerte. Die Stände verweigerten die Erbhuldigung. Das war ein schlechtes Omen.

Durch die Ausbildung der sogenannten landständischen Verfassung - ein Vorgang, der sich über hundert Jahre hingezogen hatte - hatten die Landstände eine gewisse selbständige Machtstellung gegenüber dem Herzog gewinnen können. In den Verhandlungen des Herzogs mit den Landständen drangen die herzoglichen Räte, wie Regierungsvertreter gegenüber dem Landtag, darauf, die Autorität des Fürsten und seine Interessen zu wahren. Die Herrschaft des Herzogs von Bayern war nicht mehr oder noch nicht absolut, sie war durch die Ständeversammlung eingeschränkt und begrenzt, ein Sieg, wie Rosenthal schreibt, des ständischen über das monarchische Prinzip.

Pankraz gehörte zunächst nicht zu den radikalen oppositionellen Wortführern der ständischen Rechte gegenüber Albrecht V., er war wohl mehr vermittelnd im Hintergrund geblieben, denn sonst hätte ihn der Herzog wohl kaum in seine Nähe gerufen.

Den Streit um die Rechte der Stände gab es mehr oder weniger in allen landesfürstlichen Territorialstaaten. In Bayern

Albrecht V., Herzog von Bayern (*1528 † 1579)

wurde dieser Kampf besonders zugespitzt durch den sogenannten Dualismus von Fürst und Ständen. Ein von den Ständen gebildeter Ausschuß, später die Landschaftsverordnung genannt, erhob und verwaltete unter bestimmten Umständen die Landessteuern. Der Herzog kam an ihm nicht vorbei, wenn er Geld brauchte und das brauchte gerade dieser Herzog häufig und viel.

Die Übertragung der Verantwortung für die Verhandlungen mit den Ständen auf den Hofmarschall Pankraz von Freyberg schien ein kluger Schachzug des Herzogs zu sein. An sich gehörten die Verhandlungen mit den Ständen nicht zu den klassischen Aufgaben eines Hofmarschalls, sondern eher zu denen des Landhofmeisters. Aber gerade diesen neu ernannten Hofmarschall damit zu beauftragen, machte Sinn. Die Spannungen waren seit langem vorhanden, der Konflikt schwelte und wurde von den konfessionellen Gegensätzen eines gewichtigen Teils des Adels zu den Vorstellungen der katholischen Partei am Hof verschärft. Freyberg verhielt sich zunächst, wie vom Herzog erwartet. Er versuchte, zwischen den Interessen seines Fürsten und den überlieferten Rechten der Stände zu vermitteln.

Wie auf den Reichstagen die Fürsten gegenüber dem Kaiser, versuchte der evangelisch gesinnte Adel die Steuerforderungen des Herzogs als Hebel für Zugeständnisse in den ständischen Rechten einzusetzen. Die konfessionelle Entscheidungsfreiheit war eine der Streitfragen, aber keineswegs die einzige. Es war auch nicht so, daß sich evangelisch gesinnte und katholische Stände gegenüberstanden. Die Gruppierungen wechselten und wurden sehr stark durch persönliche Vorstellungen und Interessenlagen bestimmt. Der Hauptstreitpunkt ging um die Abgrenzung der

Rechte der Stände gegenüber denen des Herzogs. Das war zunächst alles andere eher als ein Konfessionsstreit.

Landhofmeister und Hofkanzler waren die eigentlichen Gegenspieler der Stände auf Seiten des Herzogs. Mit dem Hofmarschall waren beide schon in den Aufgaben aneinander geraten, die ihm der Herzog zusätzlich zu dem Marschallsamt übertragen hatte.

Natürlich war der Herzog darin frei, wem er welche Aufgaben übertragen wollte. Aber darauf reagierten positiv und negativ Betroffene natürlich sehr unterschiedlich. Dem einen war Freyberg zu großzügig bei der Mittelbeschaffung für die ausgebreitete Sammlertätigkeit des Fürsten. Für den anderen beschäftigte er sich zu sehr mit Fragen der Landesverwaltung und der Politik, die eigentlich in sein Ressort gehörten. In der Hauptsache aber, den Verhandlungen mit den Ständen, bei denen der Herzog sich gerade von Pankraz Besonderes erwartet hatte, versuchte der Hofmarschall weiter zu vermitteln und zu lavieren, wo seine Gegner eine klare und eindeutige Position für den Fürsten erwartet hätten.

So kam es zu einem Balanceakt zwischen den radikalen Forderungen einzelner Stände und dem entschiedener werdenden Willen der katholischen Partei um den Herzog, den Freiraum für die Anhänger Luthers auf keinen Fall weiter ausweiten zu lassen. Dabei bedienten sie sich ihrerseits der Steuerpolitik. Ohne sie, wohl immer noch die Mehrheit, hätte er mit seinen Geldforderungen überhaupt nicht weiterkommen können. Den Hebel der Steuerpolitik benutzten alle drei Seiten, die katholischen und die evangelischen Stände und der Herzog selbst natürlich auch.

Man kann für den Hofmarschall nicht sagen, was man für Luther gesagt hat, er sei in Auseinandersetzungen geraten, die er so nicht gesucht und mit Entwicklungen konfrontiert worden, die er nicht verursacht habe. Freyberg geriet nicht ohne sein Zutun in Auseinandersetzungen. Als evangelisch gesonnener Standesherr war er selbst ein Teil von ihnen. Er wurde auch nicht mit Entwicklungen konfrontiert, die er nicht verursacht hatte. Er nahm vielmehr auf sie wesentlichen Einfluß.

Die protestantische Gruppe innerhalb der Stände benutzte mit großer Konsequenz in den Landtagen die notorische Geldnot des Herzogs zu Zugeständnissen auch in Glaubensfragen. Sie folgte, wie schon gesagt, hier mehr oder weniger dem Beispiel der protestantischen Fürsten gegenüber dem Kaiser in seinem Konflikt mit Frankreich. Mit Erfolg hatten sie Zugeständnisse in Glaubensfragen für die Unterstützung in den Kriegen aushandeln können. Aber das waren Reichsstände gegenüber dem Kaiser, nicht Landstände gegenüber dem Landesherrn gewesen. In ihrem Fall beriefen sie sich auf Zugeständnisse, die Ferdinand in den Erblanden seinen Ständen zum Beispiel in der Steiermark gemacht hatte.

Herzog Albrecht wollte sich in seinem Land auf keinen Kuhhandel, Zugeständnisse beim Geld gegen Zugeständnisse gegenüber den Lutherischen, einlassen. Schließlich war es sein landesherrliches Recht, den Landtag einzuberufen und Steuern zu verlangen, und die Pflicht des Ausschusses der Stände, diese für ihn einzuziehen und unter bestimmten Umständen auch für ihn zu verwalten. Gewiß war es sein Recht, den Glauben seiner Untertanen zu bestimmen, aber auch den seiner Stände? Man hat versucht, darin zu unterscheiden, oder machte sich darüber Illusionen, wie immer man dies sehen will. Der Herzog schien möglicherweise doch für einen Kompromiß in der Glaubensfrage offen zu sein, wenn die Stände sich nicht, wie er dies sah, über sein

Recht stellten. Zu kleineren Zugeständnissen in der Frage der Gerichtsbarkeit hatte auch er sich schon bereitgefunden. Und schließlich gab es da noch die Deklaration von 1556 über die Zulassung des Laienkelchs beim Abendmahl und die 1557 zugestandene Edelmannsfreiheit.

Zwei Seelen in der Brust des Herzogs, oder nur Indifferenz? Die Historiker sind sich da nicht ganz einig. Von entscheidender Bedeutung für die weitere Entwicklung wurde die 1559 erfolgte Berufung des Halbbruders von Johannes Eck, des bisherigen Kanzlers in Burghausen Simon Eck, zum Rat und Kanzler des Herzogs in München. (10) Mit ihm brachte die katholische Partei ihren begabtesten und zuverlässigsten Kopf in eine strategische Position. Wie der berühmte Ingolstädter Theologe gehörte er zu den herausragenden Persönlichkeiten der alten Kirche. Mit seiner Berufung beginnt der Umschwung in der herzoglichen Politik. Er wurde jetzt der eigentliche Gegenspieler des Pankraz von Freyberg, dem Hofmarschall, und dem hinter ihm stehenden evangelisch gesinnten Teil des Adels, vor allem dem ersten Landstand in Bayern, Graf Joachim Ortenburg. Für diesen war der ältere Hofmarschall der väterliche Freund und erfahrene Ratgeber und Staatsmann. Nicht mehr nur die standesrechtliche, sondern die Glaubensfrage, die Frage nach der Rechtfertigung vor Gott als strengem und gnädigem Richter, lieferte nun in dem Konflikt die gewichtigsten Argumente und sorgte für die Zuspitzung. Die adelsrechtliche und die konfessionelle Opposition waren eins geworden. Aber innerhalb der evangelischen Stände gab es zwei Gruppen, eine gemäßigte, die sich mit einer bloßen Tolerierung des lutherischen Gottesdienstes zufrieden gegeben hätte, und eine radikale, die die förmliche, gleichberechtigte Anerkennung der Augsburgischen Konfession im Herzogtum Bayern anstrebte.

Freybergs Unglück war diese in Bayern nicht auflösbare, sondern immer enger werdende Verknüpfung der Glaubensfrage mit den ständischen Problemen. In einem solchen Konflikt wird kein Landesherr akzeptieren, daß sein Hofmarschall möglicherweise auf zwei Schultern trägt und nicht zuverlässig an seiner Seite steht. Der Herzog mußte einsehen, daß seine Hoffnungen auf den Hofmarschall im Konflikt mit seinen Ständen offensichtlich nicht in Erfüllung gingen. Die Gegner des Hofmarschalls begannen ihr Spiel. Dafür lieferte ihnen ein Vorfall im Hochstift Würzburg ein abschreckendes Beispiel, das den Herzog zum Handeln veranlassen mußte, wenn er nicht ähnliche Gefahr laufen wollte.

Im Fränkischen war ein neuer Name aufgetaucht und machte die Runde, der Ritter Grumbach. Wie Franz von Sickingen, ein damaliges Menschenalter vor ihm, mit dem Fürsterzbischof von Trier, so hatte Grumbach im Hochstift Würzburg Streit mit seinem Fürstbischof, Melchior Zobel von Giebelstadt, angefangen, der den Fürsten 1558 das Leben gekostet hatte. Wenn man nicht aufpaßte... Der Herzog wurde hellhörig und mißtrauisch gemacht.

Die Stände stritten weiter mit den Räten. Wechselseitig hinterbrachte man sich, was die einen über die anderen sich zugeflüstert und vor allem, was frondierende Herren aus dem Adel im Zorn über den Herzog geäußert hatten. Verdächtige Namen wurden gesammelt und aufgelistet, Joachim Graf von Ortenburg, Wolf Dietrich von Maxlrain, Achatz von Laiming, Oswald von Eck, der Sohn des früheren Kanzlers, ein bekannter Humanist und Schwager Maxlrains. Ein Name, der immer auftauchte, war der Freybergs. Die Lage spitzte sich weiter zu.

In der Auseinandersetzung des Herzogs mit seinen Ständen war nicht mehr viel Platz für eine vermittelnde Position.

Freyberg muß dies gesehen haben. In den Verhandlungen und Gesprächen mit der frondierenden Gruppe konnte er natürlich Gebrauch von manchem machen, was er vom Herzog selbst gehört, was er am Hof mitbekommen und was er in manchen Akten, in Briefwechseln gelesen hatte. Das wiederum blieb der Gegenpartei, den Räten und vor allem dem Kanzler des Herzogs nicht verborgen. Sie vermuteten die undichte Stelle bei Freyberg.

Es kam jetzt darauf an, protestantische Einflüsse auf den Herzog zu eliminieren. Beide Seiten hatten die Hoffnung auf ihn nicht aufgegeben, die eine, daß er von seinem Recht als katholischer Landesfürst im Sinne der alten Lehre nach den Möglichkeiten des Augsburger Religionsfriedens vollen Gebrauch machen würde, die andere, daß er den Beispielen seiner Vettern in Württemberg, Pfalz-Neuburg, Hessen und Sachsen folgen, oder sich wenigstens ähnlich wie sein Schwiegervater in den habsburgischen Erblanden verhalten würde.

Vor allem kam es darauf an, den Herzog dem Einfluß Freybergs zu entziehen, Freyberg den Zugang zu ihm zu versperren und letztlich auch alle anderen Protestanten aus seiner Umgebung zu isolieren. Freyberg stand mit seinen Versuchen ja nicht allein, sehr viel Mächtigere standen hinter ihm. Auf sie hatte der Herzog aber keinen Zugriff. Doch Freyberg konnte man packen. Gemeint waren seine Versuche, den Herzog aus dem katholischen Lager zu ziehen. Das hat Freyberg ohne jeden Zweifel versucht und dafür gibt es viele Belege. Aber gestellt wurde er deswegen nicht, gestellt wurde er wegen des Verdachts der Weitergabe von internen Kenntnissen.

Ende 1561 mußte sich Freyberg erstmals rechtfertigen. Er hatte das mehr oder weniger selbst provoziert.

Der Hofmarschall gibt auf

Der Anlaß erscheint aus heutiger Sicht der Entscheidung nicht angemessen, der Haltung des Herzogs auch nicht. Was war vorgefallen?

Vor den Toren Münchens, wohl um den Herzog nicht zu brüskieren und seinen Gegnern keinen Vorwand zu liefern, hatte Pankraz mit Freunden 1558 ein Abendmahl in beiderlei Gestalt, also auch den Laienkelch nach lutherischem Ritus, begehrt. Das stand seit dem Wort des Herzogs von 1556 straffrei.

Dem Herzog wurde die Angelegenheit hinterbracht. Pankraz wurde mit anderen vor die Wahl gestellt, entweder darauf zu verzichten, in München das Abendmahl in beiderlei Gestalt zu empfangen, oder den Hof zu verlassen.

Doch der Herzog versuchte, Pankraz eine Brücke zu bauen: am Hof das Abendmahl wie immer zu feiern, in Aschau, wie es Pankraz beliebe. Pankraz hat das entscheidende Gespräch festgehalten: "S. F. Gn. müsse und wolle die verlassen, so nicht seiner Religion seien. Möchte mich doch sonst wohl leiden und gern haben. S. F. Gn. wollet lieber, ich wäre heimgeritten und hätte daselbst meinen Willen gehabt, wenn ich nur nicht am Hof solche Exempel gegeben hätte."

Eine weitaus bessere und zudem im Streit über religiöse Belange neutrale Handhabe gegen den Hofmarschall boten da die Gerüchte, er habe interne, vertrauliche Informationen, sogar herzogliche Schriftstücke an seine Gesinnungsfreunde weitergegeben. Ein Hofmarschall, der seine Verschwiegenheitspflicht verletzte, würde nicht zu halten sein. Aus der Sicht des Hofkanzlers mußte ein Hofmarschall, der vertrauliche Informationen weitergab, entfernt werden. Damit war er diskreditiert. Man könnte ihn loswerden, ohne den kirchlichen Konflikt einzubeziehen, also ohne Öl ins Feuer zu gießen. Geklärt sind die Vorwürfe bis heute nicht, und Pankraz sollte sich bis in seine letzten Lebensjahre beim Herzog vergeblich um Aufklärung bemühen. Er hielt den Herzog einfach für irregeleitet, falschen Ratgebern folgend. Pankraz drohte wegen der Vorwürfe, sich an ein unparteiisches Gericht zu wenden.

Schließlich bat er den Herzog, ihn in Gnaden aus seinem Amt als Hofmarschall zu entlassen und ihm Urlaub zu gewähren. Soll man sagen, die Intrige war gelungen? Dann müßte man beweisen, daß es eine Intrige war. Aber das kann man nicht.

Noch konnte von Entlassung und gar Ungnade keine Rede sein. Der Herzog hatte sich die Entscheidung über das Rücktrittsgesuch ausdrücklich noch vorbehalten. Allein der Vorgang erregte Aufsehen, und so eng wie früher war das Verhältnis Pankraz' zum Herzog nicht mehr.

Pankraz wollte die Situation auch seinerseits nicht auf die Spitze treiben und hielt sich entsprechend zurück. Den Herzog störte eigentlich weniger das persönliche Glaubensbekenntnis seines dienstmüden Hofmarschalls, immer noch ein hochgeachteter Herr im Lande und wichtiges Mitglied des Landtagsausschusses, wenn es persönlich geblieben wäre. Man lag ihm im Ohr wegen des unerwünschten Beispiels, das böse Schule machen würde. Der Machtkampf zwischen Hofkanzler und Hofmarschall erreichte seinen Höhepunkt. Es war ein Kampf um die Position des Fürsten und seines Landes in der Glaubensfrage. Aber diese Position beinhaltete mehr als die Frage, wie im Lande gebetet und Gottesdienst gehalten würde. Sie beinhaltete eben auch die Frage nach den politischen Gewichten zwischen den altgläubigen und den protestantischen Fürsten und damit auch der Machtverteilung im Reich. Mit der Errichtung des Jesuitenkollegs in München 1559 war das nach der Berufung Ecks bereits zweite Signal zur Rekatholisierung des Landes gegeben worden.

Doch zerrissen war das Band zwischen dem Herzog und seinem früheren Vertrauten auch 1561 noch nicht. Es ist eine handschriftliche Information Freybergs an Graf Ortenburg über ein Gespräch mit Albrecht vom 27. April aus diesem Jahr erhalten, die zeigt, wie er den Kampf um die Seele seines Fürsten noch immer nicht aufgegeben hatte, wie er es geradezu als seinen Auftrag ansah, dem Herzog Verständnis für den rechten Glauben zu vermitteln. Pankraz hielt seinen Fürsten immer noch nur falsch beeinflußt und in Irrtümern befangen. Um dem entgegenzuwirken, verfaßte er eigens zwei theologische Schriften und leitete sie dem Herzog zu. Sie enthielten nichts anderes als die Aufforderung, zur neuen Lehre überzutreten!

Er habe sich unterstanden, so schrieb Pankraz an Ortenburg, mit seinen Schriften Seine Fürstliche Gnaden dahin zu bewegen, sich zu der evangelischen Partei mit Schwärmerei zu begeben. Am jüngsten Tag werde er vor Gott bezeugen, daß er als getreuer Diener und Rat das seine getan habe und bekennen, "das ich nichts liebers auf erdten von Gott begern und bitten wolte, dan das Gott seinen f.G. solliche gnadt, sein heilig Gottlich Wortt anzunehmen, verleihen wollte; da auch sölchs zu erlangen, meine leib, pluet und guet darüber aufgehn, solle es mich gar dauren". Das war in Freybergs Worten die sogenannte Rechtfertigungslehre, die Furcht vor dem gestrengen Richtergott und das gläubige Vertrauen in eben diesen gnädigen Gott.

Was, um alles in der Welt, so könnte man fragen, hatte Freyberg noch im Frühjahr 1561 in dem Glauben gelassen, er könnte den Herzog veranlassen, "sich zu der evangelischen Partei mit Schwärmerei zu begeben?" Die Frage läßt sich nicht beantworten, es sei denn mit der Hoffnung auf Gott selbst, aber das würde die gegebenen Umstände völlig außer Betracht lassen.

Freyberg lebte zwar weiter überwiegend in München, war auch nicht kaltgestellt, nutzte aber die Möglichkeit, etwas häufiger als früher in Hohenaschau zu sein. Nach wie vor unterhielt er sein Hauswesen in der Residenzstadt, war auch noch bei Veranstaltungen am Hof und auf Jagden des Herzogs zu sehen. Ihm wurden auch noch offizielle Pflichten anvertraut. 1560 hatte er z. B. noch den Salzburger Fürsterzbischof, der Jagdgast seines Herzogs gewesen war, nach Hause zu begleiten.

Persona ingrata

Der Pfalzgraf Wolfgang von Neuburg hatte Anfang November 1561 Albrecht und seine Frau zur Taufe seiner Tochter eingeladen, und der Herzog hatte die Einladung angenommen. Wegen des Gefolges und des Ablaufs der Tauffestlichkeiten schrieb der Pfalzgraf an Freyberg als dem Hofmarschall, so als sei nichts vorgefallen. Albrecht war darüber verärgert. Er sollte wohl von dem Pankraz freundlich verbundenen Pfalzgrafen gezwungen werden, sich dessen ausgesetzter Marschallsdienste wieder zu bedienen. Der Herzog dachte nicht daran. Auch die von Wolfgang ausdrücklich gewünschte Teilnahme Freybergs an der Taufe wurde mit fadenscheinigen Vorwänden verhindert.

Der Herzog ließ durch einen Sekretär Freyberg mitteilen, er werde ihm nach seiner Rückkehr von Neuburg Bescheid auf sein Entlassungsgesuch und auch in seiner Religionsangelegenheit geben. Es stehe ihm frei, dazu seine Freunde mitzubringen. Der Herzog habe außerdem gehört, was ihm mißfalle, daß er seine Schriften weiter verbreite. Freyberg bestritt das nicht. Den Bescheid des Herzogs werde er gehorsam entgegennehmen und sich seiner Freunde wegen bedenken.

Immer noch gab es Gerüchte, der Herzog sei in Religionsdingen doch noch schwankend. In Neuburg hatte er nicht nur an der evangelischen Taufe, sondern mit seinem gesamten Hofstaat auch an dem evangelischen Predigtgottesdienst teilgenommen. Das wurde sofort mißinterpretiert.

Freyberg bat, den Verhandlungstermin so zu legen, daß auch einige seiner außerhalb Bayerns wohnenden Freunde teilnehmen könnten, Inländer seien ihm nicht unabhängig genug. Aber schon wenige Tage nach der Rückkehr des Herzogs wurde Pankraz mitgeteilt, viele Beiständer seien ohnehin unnötig, am 21.November morgens zwischen sieben und acht Uhr werde ihm in der Neuen Veste Bescheid erteilt werden.

Das Verfahren war merkwürdig. Der Herzog selbst fehlte. Anwesend waren nur Gegner der Protestanten. Der Kanzler eröffnete in freier Rede, der Herzog habe gehofft, daß Freyberg in sich gehe und darum noch nicht entschieden. Dann brachte der Kanzler die Freyberg vorzuwerfenden Dienstversäumnisse zur Sprache, die pflichtwidrige Verbreitung seiner Schriften und seinen oftmaligen Vertrauensbruch.

Was der Herzog ihm vertraulich mitgeteilt habe, habe er seiner Frau erzählt und die habe es weiterverbreitet. Er habe das Vertrauen des Herzogs schwer enttäuscht, ihn auch getäuscht, denn er wünsche doch keineswegs nur den Laienkelch, sondern gehöre der Augsburger Konfession an und habe sogar versucht, den Herzog zu ihr zu verführen. Der Herzog erwarte nun die sofortige Niederlegung des Marschallamts, die Entfernung vom Hof und den Verzicht auf die Teilnahme an der Ständeversammlung. Außerdem sei ihm verboten, in fremden Dienst zu treten und das Land zu verlassen. Er habe sich auf seine Güter zu begeben und sich dort stets zur Verfügung des Herzogs zu halten, sich des schuldigen Gehorsams zu befleißigen und sich an keiner Verschwörung oder einem Bündnis gegen den Herzog zu beteiligen. Proselytenmacherei und Predigtgottesdienste nach lutherischem Ritus in den Kirchen seiner eigenen Besitzungen seien ab sofort untersagt.

Der Spruch umfaßte insgesamt elf Punkte, verbunden mit der Androhung der strengsten Ahndung jeden Verstoßes und der öffentlichen Bekanntmachung aller seiner Fehler und Verstöße. Doch so wie Primbs in seinem Aufsatz von 1888 die Angelegenheit darstellte: "Ein Verbrechen, dessen man ihn zuerst verdächtigte, dann beschuldigte, gegen die Gewalt des Fürsten sich verschworen, Reichsfreiheit beabsichtigt zu haben, vollendete den Sturz," ist der Ablauf nicht gewesen. Aber eine weitere Legende war in die Welt gesetzt. Warum? Statt darüber zu rätseln, erzählen wir ganz einfach, wie sich der weitere Ablauf vollzog.

Freyberg bat nach dem Vortrag Ecks um Aussetzung der Verhandlung, um seine Freunde kommen lassen zu können, bat auch um eine Abschrift der Anklage, damit er sich mit ihnen über die Antwort beraten könne. Eck erwiderte, wenn Pankraz meine, man gehe zu hart mit ihm um, könne man ja ein ordentliches Gerichtsverfahren einleiten. Daraufhin kam es zu einem heftigen Wortwechsel mit dem inzwischen anwesenden Herzog. Freyberg forderte jetzt seinerseits ein ordentliches Gerichtsverfahren. Er scheue seine Verantwortung auch vor dem Kaiser und dem Reichskammergericht nicht. Er habe keine Strafe verdient, es sei schwer genug, daß seine treuen Dienste, durch die er an Gesundheit und Vermögen Schaden genommen habe, so gelohnt würden.

Am nächsten Tag wieder das gleiche Spiel, aber ohne den Herzog. Freyberg bestritt alle Vorwürfe und verlangte ein ordentliches Verfahren vor unabhängigen Richtern. Er drohte, auch gegen die Räte selbst gerichtlich vorzugehen und erbat eine Audienz beim Herzog.

So kam es zu einem dritten Verhandlungstag am Sonntag, den 23. November, in der Kanzlei der Neuen Veste. Nur ein Teil der Räte war anwesend. Pankraz erhielt eine Abschrift der elf Punkte und wurde gefragt, was er in der Au-

Simon Thaddäus Eck, Hofkanzler

dienz beim Herzog vorbringen wolle. Habe er Bedenken, dies den Räten vorzutragen, könne er sich auch schriftlich an den Herzog wenden.

Pankraz entgegnete, ihm gehe es allein darum zu erfahren, ob er in Ehren aus dem Dienst scheiden könne. Er sei, so zu den elf Punkten, keineswegs gehalten, München nach seiner Amtsenthebung zu verlassen, auch erlaubten ihm die Landesfreiheiten sehr wohl, in fremde Dienste zu treten. Er denke auch nicht daran, sich auf seine Besitzungen zurückzuziehen und auf seine Landsassenpflicht zu verzichten. Wenn er in fremder Herren Dienste trete, werde er sich nach deren Befehlen richten, aber nichts gegen die Ehre Bayerns unternehmen. Selbstverständlich werde er keine Bundes- und Ratsgeheimnisse verraten. Es schmerze ihn, daß man ausgerechnet ihm Empörung und Ähnliches zutraue. In den 17 Pfarreien seiner Gebiete sei weniger als anderswo verändert worden. Er werde sich nicht scheuen zu erklären, daß er wegen nichts anderem als der Kommunion entlassen worden sei. Es sei schließlich überall bekannt, wie der Herzog sich hier gegen Lebende und Tote und nunmehr auch gegen ihn verhalte. Er wolle für seine Person die Sache nicht anders machen, als sie sich abgespielt habe. Ihm komme es darauf an, daß man die Vorwürfe fallen lasse und er in Ehren aus dem Dienst ausscheiden könne.

Die Räte zogen sich zurück. Nach kurzer Beratung mit dem Herzog erkärten sie, die Freyberg gemachten Vorhaltungen seien nicht ehrenrührig, sie bedeuteten nur, daß, wenn er seine Entlassung öffentlich mit seinem Kelchbegehren begründe, man seinerseits bekannt machen werde, daß seine Pflichtverletzungen im Amt die Ursache der Entlassung gewesen seien. Im übrigen könne er in München bleiben, dürfe auch außer Landes reisen, nur wenn er in fremde Dienste trete, habe er dies dem Herzog anzuzeigen.

Ein halber Rückzug der Räte und des Herzogs, aber auch keine volle Ehrenerklärung. Freyberg reagierte zurückhaltend. Hinsichtlich fremder Dienste werde er sich entsprechend der Landesfreiheit verhalten. Nach der neuen Erkärung habe er nicht mehr viel Anlaß, von einer Amtsenthebung zu sprechen.

In einem Brief vom 27. November erstattete Freyberg dem Grafen Ortenburg Bericht. Den bayerischen Kanzler nannte er darin nicht wie allgemein üblich Simon Thaddäus, sondern, wie er auch genannt wurde, Simon Judas Eck. Sauber war das ganze Verfahren nicht gewesen. Es stellte aber klar, womit die frondierenden evangelisch gesinnten Stände in Bayern ab jetzt zu rechnen hatten, auch wenn man sich am Hof sehr darum bemühte, den religiösen Hintergrund der Angelegenheit zu vernebeln. Aber darin lag die eigentliche Infamie. Freyberg hatte sein Landschaftsamt behalten dürfen, was für die kommenden Ereignisse noch wichtig werden sollte. Seiner Macht und seines Einflusses am Hofe aber war er Ende 1561 beraubt. Alte, längst erledigt geglaubte Prozesse um die Arrondierung seiner Besitzungen wurden plötzlich wieder aufgenommen. Versuche, in andere Dienste zu treten, kamen nicht voran. Das war, wie Freyberg glaubte, das Werk seiner alten Feinde am Hof. Zu ihnen und damit an ihre Spitze stieß durch seine Berufung zum Landhofmeister 1562 Ottheinrich von Schwarzenberg. (11)

Freybergs Feinde hatten zum entscheidenden Schlag ausgeholt. Was sie von ihm und seinen protestantischen Freunden mitbekommen hatten, oder was ihnen zugetragen worden war, hatte ausgereicht, um das Band zwischen dem Herzog und seinem früheren Hofmarschall zu zerschneiden. Aber zu mehr noch nicht.

Für die Anhänger des Herzogs und des alten Glaubens und erst recht natürlich für die Opportunisten, die es zu allen Zeiten und ganz besonders zu solchen Zeiten auch gab, war der frühere Hofmarschall zur Unperson, persona non grata, geworden. Es war zweckmäßig, ihm aus dem Weg zu gehen. Für die anderen wurde er zur Symbolfigur, mit der dem Herzog "der neue Geist in imponierender Charakterstärke entgegen(trat)." (Karl Schornbaum)

Freyberg hatte bereits die Mitte der Fünfzig überschritten, war also für damalige Verhältnisse schon ein alter Mann. Er war auch nicht mehr ganz gesund. Die nach wie vor nicht voll geklärten Vorgänge um die Verhandlungen über die elf Punkte, die deutlich gewordene herzogliche Ungnade, hatten, wie das häufig zu sein pflegt, ihm auch physisch zugesetzt. Er wußte offenbar auch, daß er weitere Vorsorge treffen mußte.

Albrecht hätte den gänzlichen Bruch mit Freyberg damals noch vielleicht lieber vermieden. Aber das ist eine Spekulation, die mehr mit seiner Person zu tun hat, die Unannehmlichkeiten gerne aus dem Weg ging. Fürsten, auf deren Umgang er Wert legte und deren Einstellung ihm bekannt war, der Herzog von Württemberg, der Pfalzgraf von Neuburg, die als liberal geltenden Bischöfe von Augsburg und Salzburg legten dem Herzog nahe, es nicht zum Äußersten kommen zu lassen und versuchten auch, wie man heute sagen würde, "noch höheren Ortes" für Pankraz tätig zu werden. Den Bischöfen war ohnehin der Eifer des Landhofmeisters und des Hofkanzlers nicht ganz geheuer. Es war zu offenkundig, daß die härtere Linie in Glaubensdingen und auch gegenüber den Ständen nicht ohne Einfluß auf ihre eigene Selbständigkeit bleiben würde und wohl auch sollte.

Das Schicksal Freybergs, des angesehenen und einst so mächtigen Mannes, hatte allgemeines Aufsehen im Reich erregt. Herzog Christoph von Württemberg und Herzog Wolfgang von Zweibrücken ließen Freyberg ihr Beileid übermitteln und sagten ihm weiteren Beistand zu. Aus Zweibrücken kam das Angebot, in dortige Dienste zu treten. Herzog Albrecht ließ daraufhin seinem dortigen Vetter schreiben, wenn der Fürst wisse, warum Freyberg seine Ämter verloren habe, würde er ihm kein Angebot machen.

Herzog Christoph von Württemberg sprach in Wien mit dem Kaiser und übermittelte dessen Meinung nach München: "Er (der Kaiser) sähe nicht gern, das S. Liebden in der Religion gegen deren Diener und Untertanen so ernstlich und streng sein... Wessen hat doch S. Liebden den frommen und treuen Mann, den Marschalk, geziehen, daß er ihn so geurlaubt und von sich getan hat?" Der Herzog von Württemberg unterrichtete auch Pankraz über sein Gespräch mit dem Kaiser: "K.M. ist auch hernach noch einmal dein gegen uns gedächtig gewesen, also daß wir daraus nichts anders abnehmen oder spüren konnten, denn das Ihre Majestät dir mit allen Gnaden geneigt seien, halten auch dafür, daß, wenn du bei I.M. um Dienst anhalten wirst, Du werdest gnädigen Bescheid finden".

Natürlich beriet sich Pankraz auch mit seinen protestantischen Standesgenossen in den beiden Fragen, die ihnen wichtig waren, der konfessionellen und der ihrer ständischen Rechte gegenüber dem Herzog. Freyberg fühlte sich jetzt frei, in seiner Vorstellungswelt "mit offenem Visier", für die volle Freigabe der Augsburger Konfession in Bayern zu kämpfen. Glaubte er wirklich daran, er könne mit den anderen Anhängern des Augsburgischen Bekenntnisses in Bayern wie im Reich zwei gleichberechtigte christliche Bekenntnisse durchsetzen? Freyberg war nicht die alleinige und zentrale Figur in diesem Kampf, hatte mächtige Hintermänner, allen voran in Bayern den Grafen Ortenburg, um dessen Rolle man in München sehr wohl wußte. Ihn müßte der nächste Schlag treffen.

Wie kritisch und kompromißnotwendig der Herzog selbst die Lage in seinem Land einschätzte, sieht man in der Begründung, die sein Gesandter beim Konzil 1562 zu dem Vorschlag vortrug, zur Vermeidung einer größeren Kirchenspaltung und zur Befriedung der Gemüter in Deutschland und insbesondere in Bayern die Priesterehe und die Kommunion in beiderlei Gestalt zuzulassen: Bei Verweigerung des Kelchs bestehe die Gefahr, daß er des Landes verlustig gehe, die Lage sei viel gefährlicher als 1525. Dem Antrag widersprachen alle Bischöfe Spaniens und viele Kardinäle der römischen Kurie. Aber der Papst sah auch den Druck, dem der Herzog seitens der Stände wegen seiner Finanznöte ausgesetzt war, und gestand ihm zu, einen Kirchenzehnten zu erheben, um damit finanziell von seinen Ständen unabhängiger zu werden.

Das Konzil war für die Protestanten, die nicht daran dachten, sich ihm zu unterwerfen, Thema für zahlreiche Spott- und Schmähschriften. Man schenkte einfach den Konzilsversprechungen der Päpste keinen Glauben mehr. Auch Freyberg ließ zusammen mit Ortenburg bei zwei Regensburger Theologen eine Denkschrift für die bayerischen Landstände anfertigen, auf seine Kosten drucken und weiterverbreiten: "Treue Warnung vor dem hochschädlichen Betrug des Papstes und seines Konzils."

1562: Die Ruhe vor dem Sturm

Die Katholizität des Landes war, soweit es den Herzog anging, entschieden. Aber erst nach dem Abschluß des Konzils 1563, das die Realpräsenz Christi bestätigte und das Abendmahl in beiderlei Gestalt untersagte und alle, die dagegen handelten, als Ketzer feierlich verfluchte, ließ Albrecht im Herzogtum mit Eifer und mit harter Hand zugunsten der katholischen Kirche durchgreifen. Mit Eck und Schwarzenberg standen die beiden Persönlichkeiten bereit, die dazu willens und in der Lage waren.

Pankraz und viele seiner Freunde machten sich aber weiterhin Illusionen. Der Herr von Hohenaschau hoffte immer noch auf den seiner Meinung nach bloß schlecht beratenen Herzog. Der liebe Gott selbst werde ihn auf den rechten Weg führen, wofür er gerne, wie er Ortenburg ein Jahr vorher geschrieben hatte, Leib, Gut und Blut hingeben wolle, - ohne zu ahnen, in welch kurzer Zeit er nahe dorthin kommen könnte und schließlich auch kam.

Pankraz hatte sich in ein ganz unrealistisches Bild der Situation hineingesteigert. Bayern sollte wie die Nachbarländer ebenfalls protestantisch werden, die Bistümer, wie dies mit dem Deutschordensstaat in Preußen geschehen war, zu weltlichen Herzogtümern umgewandelt und von Rom gänzlich unabhängig gemacht werden. Wenn dies noch nicht auf den Weg gebracht war, so lag das nach Pankraz' Meinung nur daran, daß man den um ihre Pfründe fürchtenden Domherren keinen rechten Ausweg angeboten hatte.

Wenn er Bischof zu Salzburg wäre, hatte Pankraz im Januar 1562 von München aus einem seiner Freunde geschrieben, "so wollt ich einen Sprung thun, wie man in des alten Hildebrands Liedlein singt, 7 Klafter zurück, u. sehen, wie ich bleiben könnt; verhofft, wenn ich jedem Domherrn ein gut nützlich Amt ihm und seinem Mannstamm als ein erblich Lehen einräumte, sie sollten meine unterthänigen Landsleute bleiben". In solchen Ideen wurde er von einigen seiner Freunde auch noch bestärkt.

Pankraz wußte, daß man ihm mißtraute und beobachtete. Trotzdem schrieb er Briefe, die, wenn sie in unrechte Hände gerieten, für ihn äußerst gefährlich werden konnten und empfing schriftliche Aufträge, die ihn geradezu bloßstellten. Als der Pfalzgraf Wolfgang im Februar 1562 in Familienangelegenheiten eine Zeitlang Neuburg verlassen mußte, bat er zum Beispiel Pankraz in zwei Briefen, dieser möge seinen Statthalter in Neuburg sofort vertraulich verständigen, wenn sich im Herzogtum etwas "Wissensnötiges" zutrage und was er über die päpstlichen Praktiken oder über das Konzil in Erfahrung bringen könne.

Es gab zu Hause Angelegenheiten genug, um die sich der Herr von Hohenaschau zu kümmern hatte und auch kümmerte. Er verlegte das Hammerwerk in Au nach Bergen, die heutige, wenn auch geschlossene, aber immer noch auf den Karten verzeichnete und in der Bausubstanz stehende Maximilianshütte. Zwischen verschiedenen Gemeinden waren Almordnungen immer noch strittig. Pankraz gelang, die offenbar besonders schwierige Situation zwischen Grainbach und Törwang zu schlichten und anderes mehr, was in vielen Einzelheiten zusammengetragen worden ist, aber heute kaum noch interessiert.

Der Ausbau der hochmittelalterlichen Ringburg Hohenaschau zu einer modernen Festungsanlage durch zusätzliche Bastionen, Festungswälle und ein Rondell ging weiter und kam in diesem Jahr zum Abschluß. Nach wie vor war der Münchner Hofbaumeister auch in Aschau tätig. Für die Handwerker aus der Umgebung, aber auch bis Flintsbach, Rosenheim, München und selbst Salzburg hatte das viele Aufträge gegeben. Der Schloßberg war nun so gründlich befestigt, daß, wie man sagte, selbst der Landesherr nur mit Mühe die ganze Anlage hätte öffnen können. Im gleichen Jahr hatte auch Joachim von Ortenburg den Wiederaufbau der 1504 eingeäscherten Stammburg Alt-Ortenburg abgeschlossen und mit ihrer Umgestaltung zum Schloß begonnen.

Pankraz suchte engeren Anschluß auch an den Fürstbischof von Salzburg. Die Freybergs waren als Inhaber der Vogtei zu Alten-Erding bereits Salzburger Lehensträger. Pankraz kaufte vom Salzburger Domkapitel weitere Urbargüter hinzu. 1563 forderte er für die Außenarbeiten in Hohenaschau noch einen Maler aus Salzburg an.

Womit wurde das alles bezahlt? Pankraz hätte sich dringend um die Sanierung seiner Finanzen kümmern müssen. Seit 1560 schon war er mit der Rückzahlung seiner Schulden in Verzug gekommen. Seine Güter waren tiefverschuldet. Auch die Bergbauunternehmen kosteten zeitweise mehr als sie brachten. Man sprach davon, daß er die vielen Bergbauunternehmen mit mehr Eifer als Glück ins Leben gerufen habe.

Noch unter den Preysings war der Spruch zu hören:
"Was immer Wälder und Almen mochten erbringen,
Tat Alles der tückische Bergbau verschlingen."

Freyberg war vor allem auch durch die mit dem Hofmarschallamt verbundenen hohen Aufwendungen in finanzielle Schwierigkeiten geraten: "Meine Besoldung war 400

Gulden, dabei mußte ich 4-5 Pferde halten. Nun weiß jedermann wie zu München zu hausen ist, besonders wenn man ein Weib und zehn lebendige Kinder hat. Ich mußte dazu ein geräumiges Haus haben, also daß allein an Hauszins, Holz, Heu und Streu fast die 400 Gulden aufgangen. Auch sonst ist viel in den 12 Jahren (von 1550-1562) über mich gekommen, was auch mehr als denn 400 Gulden sein müssen." Für seine militärischen Aufgaben habe er überhaupt kein Geld bekommen, aber stets 12 wohlgerüstete Pferde unterhalten müssen. Damals seien auch viele Gesandte von auswärts nach München gekommen, um die man sich am Hof wenig gekümmert habe. Zur Vermeidung übler Nachrede habe er diese Gesandten in seiner Sippe und in seinem Freundeskreis aufgenommen.

Der Herzog hätte ihm helfen können, und davon war Pankraz wohl auch ausgegangen. In anderen Fällen hatte der Herzog ihm geleistete Dienste durch spätere Schenkungen ausgeglichen. Pankraz konnte in seiner jetzigen Situation damit nicht mehr rechnen. Der Höhepunkt der Herausforderung des Herzogs durch seine Stände stand unmittelbar bevor. Freyberg dachte nicht daran, sich in der Auseinandersetzung zurück- oder gar herauszuhalten.

Der Landtag zu Ingolstadt 1563

Die konfessionelle Zukunft des Landes entschied sich, als die evangelischen Stände, wie zu erwarten, auf dem Landtag zu Ingolstadt 1563 den offenen Konflikt mit dem Herzog riskierten. Es ging jetzt nicht mehr nur um die Zulassung des Laienkelchs, es ging um die Freigabe der Augsburger Konfession überhaupt. Als der Herzog auf dem Landtag neue Steuern forderte, konfrontierte ihn eine Gruppe von Adligen mit der Gegenforderung auf förmliche Freigabe des Augsburger Bekenntnisses, nicht nur erweiterte Freiheiten für die lutherische Form des Gottesdienstes, sondern Zulassung des Bekenntnisses in aller Form und damit zwei Konfessionen nebeneinander in Bayern.

Das war gut vorbeitet worden. Wortführer waren Graf Joachim von Ortenburg und Wolf Dietrich von Maxlrain, Ortenburg und Maxlrain, beide reichsunmittelbar und Landsassen zugleich. Aber in beiden Fällen hatte Bayern die Reichsunmittelbarkeit ihrer Besitzungen bestritten, im Fall Maxlrain 1539 nur unter der Bedingung akzeptiert, daß es keinen Konfessionswechsel geben dürfe. Mit Ortenburg und Maxlrain im Bündnis und offensichtlich die eigentlich treibende Kraft hinter ihnen war Pankraz von Freyberg. Schon vor dem Landtag hatte er seine adligen Glaubensbrüder auf die Bedeutung der Schulen in den Städten und Märkten für den Fortgang der Reformation hingewiesen. Die Lawine sollte weiter laufen.

Trotz Ungnade hatten ihn seine Freunde im Landtag erneut in den Ausschuß gewählt. Zu der Provokation in der Sache kam die Provokation in der Person.

Graf Joachim zu Ortenburg im 60. Lebensjahr (*1530 † 1600)

Auf dem Landtag zeigten sich auch die beiden unterschiedlichen evangelischen Adelsgruppen. Eine Gruppe hätte sich mit dem "Artikulieren" begnügt, die radikalere, zu der Freyberg und Ortenburg gehörten, verlangte mehr, das "Konfessionieren". Artikulieren hätte noch im Rahmen des Augsburger Religionsfriedens gelegen, das Konfessionieren, das öffentliche, umfassende Bekenntnis unter einem andersgläubigen Fürsten dagegen nicht mehr. Am weitesten ging die Forderung der Gruppe um Ortenburg und Freyberg nach förmlicher Zulassung des Augsburger Bekenntnisses. Man berief sich dabei wiederum auf Vorgänge in Österreich, Präzedenzfälle, wie man meinte.

Die Mehrheit der evangelischen Stände in Bayern wäre mit dem Artikulieren zufrieden gewesen, Freigabe der Augsburgischen Konfession, aber nicht allgemeine und das heißt zwangsweise verordnete Einführung in den jeweiligen Herrschaften. 43 Landstände erklärten, daß sie als Anhänger der Augsburger Konfession in nichts einwilligen würden, was dieser zuwider sei, baten, sie bei der Konfession bleiben zu lassen und nicht zu gestatten, daß ihre Untertanen der Religion halber aus dem Land vertrieben würden. Der Herzog sah sich herausgefordert. Das war mehr als er als katholischer Reichsstand zugestehen konnte. Entsprechend reagierte er. Er sei nicht gehalten, andere Religionen in seinem Fürstentum zu dulden und sei auch nicht willens, eine andere anzuerkennen. Der Kirchenzehnte hatte dem Herzog gegenüber den Ständen einen wesentlich festeren Rückhalt verschafft. Das zeigte sich jetzt.

Da im Ausschuß keine Mehrheit zustande kam, mußte das Plenum des Landtags entscheiden und entschied sich für eine mittlere Linie, Vollzug der Deklaration von 1556, also die damals für die katholische Messe zugesagte, nachher aber wieder abgeschwächte Billigung des Laienkelchs. Selbst der Fürstbischof von Salzburg hatte den Gebrauch des Laienkelchs in seinem weltlichen Herrschaftsbereich inzwischen erlaubt. Aber dazu war der Herzog von Bayern jetzt nicht mehr bereit. Dem Papst, der ihn schon wegen seines Wortes für den Laienkelch gerügt hatte, ließ er, wie schon erwähnt, mitteilen, die Zugeständnisse seien nötig gewesen, um einen noch größeren Aufruhr als 1525 zu vermeiden. Die Lage sei viel gefährlicher als damals. Das Konzil selbst hatte seinem Gesandten in dieser Frage eine klare Absage erteilt.

Zuerst, so der Herzog, müsse über seinen Vorschlag, die Schulden zu übernehmen, gesprochen und entschieden werden und zwar ohne Äquivalent. Dann könne man weiterreden, vielleicht noch einen Kompromiß beim Kelch finden. Freyberg forderte daraufhin, der Herzog solle den Landesfreiheitsbrief verlesen, mit dem er bei seinem Regierungsantritt die Rechte der Stände anerkannt hätte. Dahinter stand die Vorstellung, daß die Stände notfalls auch gegen den Willen des Herzogs die Augsburger Konfession für das Land freigeben könnten. Damit war der alte Standeskonflikt vollends auf die konfessionelle Ebene verlegt worden, die Glaubenseinheit des Landes wäre dahin gewesen und die letzte Autorität des Herzogs wohl auch.

Nichts ging mehr mit der Mehrheit der Stände, nichts ging mehr mit dem Herzog, wenn man nicht auf sein Angebot einging. Das riskante Spiel um die weitere Ausbreitung der Reformation und um die eigenen standesherrlichen Rechte gegenüber dem Landesherrn hatte seinen Höhepunkt erreicht. 45 der 120 Adligen gaben auf dem Landtag trotz allen Drucks zu Protokoll, daß sie weiterhin zur Augsburger Konfession stünden und als evangelische Christen leben wollten.

Das konnte der Herzog nicht hinnehmen, wollte er nicht die seit seines Vaters Zeiten festliegende Linie in Frage stellen.

Die des Protestantismus verdächtigten Stände wurden vom Landtag ausgeschlossen. Damit wurde klargestellt, was eigentlich schon immer klar war, nur der Herzog des Landes hatte über dessen Religion und hinsichtlich der Ständeversammlung auch über deren Beratungsgegenstände zu bestimmen. Er und kein anderer hatte das Einberufungs- und das Propositionsrecht der Landtage des Herzogtums. Schluß der Debatte über eine erweiterte Mitwirkung der Stände an der Regierung des Landes, Schluß der Debatte über die Aufhebung der Glaubenseinheit. Das monarchische Prinzip hatte sich gegenüber dem ständischen durchgesetzt, so kommentierte das Eduard Rosenthal vor über hundert Jahren. In Bayern war der Weg zum absolutistischen Fürstenregiment geebnet, der Übergang vom Mittelalter zur Neuzeit im politisch-verfassungsmäßigen Bereich vollzogen, so interpretierte Weinfurter die damaligen Vorgänge in unserer Zeit.

Das Verhör

Pankraz schlug in dieser Situation seinen Freunden vor, sich gegenseitig einen Eid zu schwören, daß sie bei ihrem Gewissen und ihrer Verantwortung gegen Gott nur so handeln wollten, wie sie es ohne alle Heuchelei erstlich Gott, nachfolgend den Rechten des Landesherrn, endlich den Freiheiten der Landschaft schuldig wären.

Auch das wurde dem Herzog hinterbracht und mit anderen Meinungsäußerungen und Berichten Punkt für Punkt aufgelistet. In einem Gutachten hatte der Hofkanzler Freyberg als den "Anfänger aller dieser ungebührlichen Handlungen und bösen Praktiken" bezeichnet. Er habe schon auf dem letzten Landtag die Stände zu einer Rebellion gegenüber dem Herzog anstiften wollen.

Ohne Zweifel war Freyberg in die Rolle des Vordenkers der oppositionellen Stände hineingewachsen. Unmittelbar nach dem Landtag wurde er auf Grund des Eckschen Gutachtens durch Befehl des Herzogs von seinen Räten vorgeladen und wegen seiner "ungebührlichen und aufrührerischen Reden auf dem Landtag" zur Rede gestellt. Punkt für Punkt wurde ihm vorgehalten.

Er habe versucht, die Stände zu bewegen, sich wider den Fürsten zu empören und dafür sogar ein Bündnis einzugehen. Er habe sich oft anmerken lassen, welch hohe Bedeutung die Stände der Religion beimessen und wie nötig es sei, die Jugend bei ihnen zu instituieren, damit die vom Adel nicht mehr gezwungen seien, ihre Kinder anderswohin zu schicken.

Der Landesfürst werde allerlei erfahren, das für die Anhänger des neuen Glaubens zu großer Ungnade führen werde "und möchte besonders ihm übel dabei gehen." Er habe gesagt, man wolle wie vor alten Jahren zusammenhalten, möchte man wohl auch was finden. Die Augsburgische Konfession wolle er für sich und sein Haus erhalten, der Fürst sage dazu, was er wolle; es wäre besser, der Fürst sähe seinen Unterthanen in der Religion etwas nach, als daß es zum Aufruhr käme... Er und andere hätten des Gefängnisses, das sie zu besorgen, oft gedacht und gern Beistand aufgewiegelt, ob sie sich dieser Sorgen entladen möchten... Mit der Deklaration sei nichts ausgerichtet, man lasse denn die Konfession durchaus frei. Man solle die Pinzgauer Bauern machen lassen, die wüßten die Sache recht zu tun... Der Ortenburger und er sollen die Städte haben bereden wollen, auf die Augsburgische Konfession zu dringen, da sie sonst würdig wären, daß sie ihre Kommittenten zu Tod schlügen... Ferner solle er gesagt haben, es sei not, daß man sich vorsehe, was man für Hülfe zu hoffen, so es zu Verhaftungen kommen würde... Sein Sohn soll einmal zwei Fremden, die sich für Prädikanten ansehen lassen, aus einem (ober)pfälzischen Dorf in die Stadt geführt haben.

Der Herzog sei nicht gesonnen, das auf sich beruhen zu lassen, sondern zu ahnden, "daß er sein ganzes Mißfallen verspüre". Er habe bis zum weiteren Bescheid die Stadt nicht zu verlassen.

Noch gelang es Pankraz, die Unwahrheit einiger Behauptungen nachzuweisen, an einem Bündnis gegen den Fürsten sei er keinesfalls beteiligt. Es sei bekannt, daß er sich für die Augsburger Konfession erklärt habe, seiner Gehorsamspflicht gegenüber seinem Fürsten sei er sich als treuer Landsasse aber voll bewußt, jede Absicht des Aufruhrs liege ihm fern.

Freyberg kam noch einmal mit einem Verweis davon. Doch das war nur der Anfang, ein Gerichtsverfahren würde folgen. Vorsicht war jetzt angeraten. Die Sache Freybergs und seiner Freunde stand nicht gut. Das Verhör durch die Räte konnte nicht das letzte Wort sein, denn die Räte hatten etwas in die Hand bekommen. Die beiden Briefe des Pfalzgrafen aus dem Vorjahr waren nicht darunter. Das war Pankraz' Glück.

Die Ortenburger "Verschwörung"

Ortenburg hatte sich nach dem Landtag nicht länger aufhalten lassen, in seiner Grafschaft den neuen Glauben eingeführt und am 25. Oktober 1563 allen Ständen des Reiches seinen Religionswechsel kundgetan. Schon einen Tag später wurden er und sein Vetter Ulrich wegen ihres Konfessionswechsels vor das Hofgericht nach München geladen. Sie fragten Freyberg und andere um Rat. Sollten sie der Vorladung folgen und das damit verbundene Risiko des Einzugs ihrer Güter nach den Religionsedikten Herzog Wilhelms eingehen? Freyberg riet, die Vorladung anzunehmen und unter Bezug auf den Religionsfrieden vor dem Fürsten ihre Gewissenssache zu verteidigen, was er selbst auch vorhabe.

Ortenburg leistete der Vorladung Folge. Dem Ruf, so stellte er gleich zu Beginn klar, sei er aber nur als Landsaß, nicht als Reichsgraf gefolgt, als solcher schulde er dem Herzog keinerlei Rechenschaft. Die Vorladung hatte ihn in Schloß Mattighofen erreicht. Vorsorglich hatte er bei seiner Abreise dort Weisung hinterlassen, alles Wertvolle und Persönliche nach Ortenburg wegzuschaffen.

Bayern bestritt seit den vierziger Jahren die Reichsunmittelbarkeit der Grafschaft Ortenburg, hatte diese nach dem Glaubensübertritt Joachims absperren und wenig später durch den Straubinger Oberrichter mit großem Aufgebot besetzen lassen. Dieser verjagte die lutherischen Prädikanten und beschlagnahmte sämtliche Güter des Grafen. Der Graf beschwerte sich sofort beim Kaiser, seinem Schutz- und Lehensherrn, klagte beim Reichskammergericht und ritt selbst nach Speyer, um dort seine Sache zu vertreten und den Rechtsbruch des Herzogs anzuklagen. Graf Ortenburg scheidet aus der weiteren Erzählung insoweit aus, als er seit damals ständig auf Reisen war, um seinen Rechten in Wien, Neuburg, Regensburg und wiederholt auch in Speyer Nachdruck zu verleihen. Währenddessen war seine Frau, Ursula Gräfin von Ortenburg-Fugger, zunächst in Mattighofen verblieben und erst im Frühjahr 1564 nach Neu-Ortenburg umgezogen, wo sie die Position ihres Mannes mit großem Eifer weiter verfocht. Aber der Fall Ortenburg war die eine Sache, die ständische Opposition die andere.

Am 11. Mai war ein herzoglicher Hauptmann mit 35 Reisigen vor Schloß Mattighofen erschienen und hatte von der Gräfin die formelle Übergabe der Grafschaft verlangt. Die Gräfin hatte abgelehnt und ihren Umzug nach Neu-Ortenburg vorbereiten lassen. Die Zimmer ließ sie versiegeln in der Annahme, alles Wertvolle und Persönliche sei, der Weisung Joachims folgend, bereits weggeschafft worden. Hier irrte sie. Als die herzoglichen Beamten nach ihrem Wegzug das Schloß durchsuchten, fiel ihnen die gesamte Korrespondenz des Grafen in die Hände. Schlamperei, Unachtsamkeit, Leichtsinn, oder die Vorstellung der gräflichen Bediensteten, man werde Persönliches nicht anzurühren wagen? Wir wissen es nicht. Die herzoglichen Beamten hatten jedenfalls gefunden, was man brauchte, um die Adelsfronde anzuklagen.

Das Verhängnis für die Adelsfronde nahm seinen Lauf, die eingangs genannten vier Konfliktherde hatten sich ineinander verhakt. Bayern schien an der Reihe. So sah es der Herzog und darin bestärkte ihn die katholische Partei, oder, sagen wir es differenzierter, die Partei, die sich für die allein katholische hielt.

Denn wenn wir immer wieder in den Ereignissen, die zu schildern sein werden, von der tiefen Gläubigkeit Pankraz', von der Luther ähnlichen Haltung des "hier stehe ich, Gott helfe mir!", beeindruckt sein werden, der Bereitschaft, für eigene Glaubensgewißheit im Vertrauen auf den gnädigen Richtergott alles zu wagen, ist nicht zu vergessen, daß es die gleiche Haltung und Bereitschaft auch auf der anderen Seite gab und sich das Drama der sich völlig verständnislos und feindlich bis zur Erbarmunglosigkeit gegenüberstehenden beiden christlichen Konfessionen um der ewigen Seligkeit willen nicht mehr aufhalten ließ. Am Anfang dieses Weges voller Grausamkeiten, Engstirnigkeiten und auch Bosheit, die ihren Höhepunkt erst noch erreichen sollten, standen Ereignisse wie die, über die am Beispiel des Pankraz von Freyberg jetzt zu berichten sein wird.

Der umfangreiche in Mattighofen gefundene Briefwechsel enthielt so große Namen wie Frundsberg, Oettingen, Mansfeld, Salm, Matthias Flacius Illyricus, die mit der sogenannten Adelsverschwörung nichts zu tun hatten. Er belastete aber die bayerische Adelsfronde, insbesondere Freyberg, Laiming, Maxlrain, Baumgarten und Oswald von Eck, um nur die wichtigsten zu nennen. Man hatte, wie man glaubte, auch Andeutungen weiterer dunkler Pläne sicherstellen können. In diesen Briefen stand zum Teil das, was auf dem Landtag vorgetragen worden war, z.T. auch, was man sich während der Verhandlungen so zugetragen hatte, im Grunde genommen nichts anderes, als was Pankraz schon bei dem Verhör vorgehalten worden war.

Freyberg hatte von dem Fund in Mattighofen gehört, ohne im einzelnen zu wissen, was alles gefunden worden war. Er befürchtete aber das Schlimmste, wenn es nicht gelang, dem Herzog den Hintergrund zu erklären. Der Herzog war überzeugt, eine Verschwörung sei gegen ihn bereits auf dem Weg, bediene sich eigentlich nur religiöser Vorwände. Auf dem Landtag habe man nur die Spitze des Eisbergs zu sehen bekommen.

Mit den Mattighofer Briefen glaubte man, die längst gesuchten Unterlagen für eine Verschwörung gegen den Herzog in der Hand zu haben, Hochverrat belegen zu können, selbst ein drohendes Bündnis des Adels mit unzufriedenen Bauern, wie es eine Generation vorher 1525 zu den Aufständen des sog. Bauernkrieges geführt hatte.

Die drei frondierenden Herren des letzten Landtages und weitere Adlige wollten angeblich überhaupt nichts mehr bewilligen, wenn der Herzog das Augsburger Bekenntnis nicht freigäbe. Es wäre besser, der Fürst sehe das ein, bevor es auch in seinem Land zu Aufständen wie anderswo im Pinzgau oder in Frankreich komme. Freyberg und Ortenburg sollen entsprechende Drohungen gebraucht, Freyberg sogar gefragt haben, wessen sich einer vom anderen zu versehen habe, wenn der Herzog Gewalt anwende. Man habe nicht bloß auf Aufstände anderswo verwiesen, sondern wörtlich gesagt, wenn der Herzog nicht nachgebe, so lasse man die Pinzgauer Bauern machen, die wüßten schon wie. Immer wieder die gleichen Vorwürfe, am Schluß etwas manipuliert mit Hilfe von aus dem Zusammenhang gerissenen Textstellen aus den in Mattighofen konfiszierten Briefen, aber dies doch wiederum so offenkundig, daß die Richter zögerten.

Im Land lief das Gerücht um, Freyberg sei der nächste, der mit Krieg überzogen werde. Pankraz veranlaßte, daß Vorräte, Hab und Gut im Gebirge versteckt wurden. Seine eigenen Geschütze schickte er teils seinem Schwager, teils ließ er sie bei Sachrang vergraben. Aber wenn der Herzog ernstlich Gewalt anwenden würde, hätte sich die Burgfestung, wie sie jetzt war, nicht lange halten lassen. Wiederum versuchte Freyberg, zu einer unmittelbaren, klärenden Aussprache über die Vorwürfe mit dem Herzog selbst zu kommen, aber vergeblich.

"Meine Herrlichkeit ist aus"

Pankraz hielt sich im Mai unvorsichtigerweise in München auf. Auf eine heimliche Warnung hin ("Lieber Herr, es ist hohe Zeit"), verließ er sofort die Stadt. Doch der Herzog, der davon gehört hatte, schickte ihm einen Boten mit der Weisung hinterher, wegen der bevorstehenden Vernehmung unverzüglich zurückzukommen. Freyberg sagte zu, er werde kommen, möchte aber erst Weib und Kinder noch einmal wiedersehen.

Als er in Hohenaschau ins Burgtor einritt, bot ihm sein Dienstbub wie gewohnt mit entblößtem Haupt und gebogenem Knie den Willkommen. Mit Tränen in den Augen sagte Freyberg: "Setz auf, meine Herrlichkeit ist aus und der deinen gleich." Von der Podagra gelähmt, im Kriegs- und Herrendienst abgearbeitet und altersschwach, sei er jetzt gegen Ende seines Lebens nicht mehr als er, sein Diener.

Was war vorgefallen? Durch verbliebene Freunde war Pankraz im einzelnen unterrichtet worden. Der Mattighofer Fund, oder mit den Worten Anton Steicheles "die Ortenburger Katastrophe" stellt in ihrem Zusammenhang mit zeitgleichen anderen Ereignissen in Bayern und im Reich "den Knoten- und Wendepunkt in der Geschichte des Herzogs Albrecht, den Punkt, dem Alles zustrebte und von dem fortan Alles ausging" dar. Was Steichele vor 150 Jahre so formulierte, trifft den Nagel auf den Kopf.

Der Herzog hatte auf Grund des Fundes von Mattighofen einen außerordentlichen Gerichtshof von Leuten aus seiner Umgebung, auch den Ständen und Behörden, deren er sich sicher glaubte, alles, was Rang und Namen hatte und nicht zur Fronde zählte, für Anfang Juni nach München einberufen, "in Summa 52 Personen." Der Herzog selbst eröffnete die Sitzung.

Seine Rede ist überliefert und bei verschiedenen Historikern auszugsweise wiedergegeben. Es sei nicht seine Absicht, über Religion oder Glauben beratschlagen zu lassen. Denn wie lieb es ihm auch sei, Land, Leute und alle Untertanen bei dem alten katholischen Glauben zu erhalten, wolle er doch nicht seiner Untertanen Herz und Gemüt ergründen. Das bleibe dem gerechten Urteil des Allmächtigen vorbehalten. Es sei allein zu untersuchen, was unter dem Vorwand der Religion wider die bestehenden Gesetze unternommen worden sei. Seine Anklage lautete auf Bruch des Religionsfriedens, Anmaßung herzoglicher Hoheitsrechte, Änderung der Religion des Landes und Verschwörung zum Ungehorsam. Der Anfänger aller dieser ungebührlichen Handlungen und bösen Praktiken, über die zu richten sei, so hatte der Hofkanzler in einem Gutachten für den Herzog festgestellt, sei Freyberg.

Nach der Rede wurde ohne den Herzog weiterberaten. Der einzige, der zu widersprechen wagte und für die Beschuldigten eintrat, war Wiguläus von Hundt, immerhin der Hofkammerpräsident, der höchste Richter des Landes, in dem Konfessionsstreit ohnehin mehr ein Mann des Ausgleichs als ein Vertreter der Linie des Kanzlers! Nach einer Woche kamen die Richter insgesamt zu der Meinung, es sei schon Grund zur peinlichen Klage im strengen Wege des Rechts, doch möge der Herzog aus angeborener Milde die Verbrecher noch zuvor zum Verhör und zur Entschuldigung kommen lassen und ihnen freies Geleit gewähren. Die Namen der Richter sind überliefert, unter ihnen auch einige Protestanten.

Der Herzog versagte Pankraz freies Geleit zur Rückkehr nach München. Daraufhin reiste dieser nach Stuttgart zu Christoph von Württemberg. Wieder verwendete sich der Herzog von Württemberg in einem Brief an seinen Münchner Vetter vom 19. Juni 1564 für Freyberg: "Der gewesene Marschall Pankraz ist dieser Tage zu uns gekommen, u. uns berichtet, nachdem er in Erfahrung gebracht, daß wir und Herzog Albrecht zu Nördlingen bald zusammen kommen werden, hab er sich zu uns begeben u. hat auch ein Supplik uns überreicht. Wir haben's nit wollen abschlagen u. stellen das freundliche Gesinnen, den von Freyberg wegen seines bekannten, aufrechten u. redlichen Gemüts u. gegen den Herzog sonders tragenden Gutherzigkeit, auch anerbotenem, unterthänigen Gehorsam zu gnädigem Gehör kommen u. die Ungnad fallen zu lassen."

Wilhelm, der älteste Sohn Pankraz', war in München vorstellig geworden, um die Chancen für eine Rehabilitierung seines Vaters zu erkunden. Sie schienen, wie er dem Vater schrieb, gut zu stehen. Aber da täuschte er sich. Der Kardinalbischof von Augsburg, ein Freund Pankraz' aus besseren Zeiten, sagte Hilfe zu, wenn der Vater zur alten Lehre zurückkehre. Aber er solle aufhören, den Herzog durch weitere Briefe von fremden Fürsten noch mehr zu reizen. Der Herzog habe das Verfahren selbst an sich gezogen, seinen Räten, soviel er wisse, aus 80 Briefen vorgelesen und die Zuhörer zum Stillschweigen verpflichtet. Bis Mitte Juni hätte der Gerichtshof beraten und dann dem Herzog Bericht erstattet. Was, wisse man nicht. Aber von den Landständen sei nicht einer gegen seinen Vater. Im Gegenteil, aber es hätte große Mühe gekostet, daß man ihn und die anderen "mit freiem Geleit und der Versicherung der Landesfreiheit zur Verantwortung kommen lasse."

Im übrigen riet der Kardinalbischof dringend, sich demütig zu verhalten, ohne viel zu diskutieren und den Brief des Grafen (Ortenburg), der alles ausgelöst habe, auf den Tisch zu legen, damit man den eigentlichen Verursacher sehe.

Was war das für ein Brief Ortenburgs, der alles ausgelöst haben sollte und der Freyberg hätte entlasten können? Wenn der Kardinal von einem solchen Brief wußte, müssen andere auch davon gewußt haben. Doch warum ist dieser Brief nirgends aufgetaucht und wird von keinem zitiert? Wir wissen es nicht. Wir kennen nur die Antwort Wilhelm von Freybergs, sein Vater wisse sich zu verhalten, wie es einem ehrlichen Mann wohl anstehe.

Die Anklage auf Hochverrat

Die Verdächtigen waren schon vor dem Zusammentritt des Gerichts nach München befohlen worden. Aber keiner kam, zwei flohen, die anderen forderten freies Geleit unter Berufung auf die Landesfreiheit. Pankraz teilte die Gründe dieser Verweigerung in einem öffentlichen Sendschreiben vom 6. Juni "An die Landschaft in Baiern aus dem Stand der Ritterschaft" mit.

Die Beschuldigten wurden schließlich der Empfehlung der Richter und der Stände folgend und wohl auch wegen der Bitten anderer Reichsfürsten gegen die Zusicherung freien Geleits für den 25. Juni vor das Münchner Hofgericht vorgeladen. Pankraz schrieb Ortenburg, er solle ohne Furcht sein, "denn Gott will von den seinen vor der welt bekennet sein, wiert auch den bekenner nit verlassen... In suma, alle sorg gehört unserm Got und nit uns zu, uns aber warer glauben, stete hofnung, ungezweifeltes vertrauen." Freyberg war bereit, seinen Weg zu Ende zu gehen.

Alle Angeschuldigten erschienen auf den festgesetzten Tag. Aus Stuttgart hatte Herzog Christoph seinen rechtskundigen Rat Balthasar Eislinger zum Prozeß geschickt, um Freyberg beizustehen, nach Möglichkeit ihn auch zu vertreten.

Auch das Gericht war auf den gleichen Tag einberufen worden. Doch neun der Richter, darunter auch drei Katholiken, hatten sich verweigert. An dem, was da dem Hofgericht zugemutet wurde, war etwas faul. An dieser Unbill, wie sie es nannten, wollten sie nicht länger beteiligt sein. Ihre Namen sind überliefert.

Am 25. Juni wurde in Anwesenheit des Herzogs jeder der Vorgeladenen einzeln vernommen. Der Herzog hatte auf Einleitung des Malefizverfahrens wegen Majestätsverbrechens bestanden. Er war davon überzeugt, daß die gefundenen Briefe den Beweis für die Absicht der Beklagten enthielten, das Land seines Glaubens und seines Fürsten berauben und den Grafen Ortenburg zum Herzog von Bayern machen zu wollen. Wären die Richter diesem Verdacht gefolgt, hätten sie im weiteren Verfahren auch bei den Adligen die Tortur anwenden können, was sie bei einigen Bediensteten des Grafen Ortenburg wohl schon getan hatten.

Die Angeklagten verteidigten sich mit dem Hinweis auf eventuellen Übereifer für ihre Religion, der sie zu unvorsichtigen, auch beleidigenden Äußerungen über den Herzog hingerissen habe, für die man um Verzeihung bitte, wenn ihr gnädiger Herr etwa sich in seiner Ehre angetastet fühle. Insbesondere hätten sie nie daran gedacht, sich gegen den Herzog zu verbünden. Nichts derartiges könne man aus den Briefen herauslesen. Man habe den Unwillen über des Herzogs Vorgehen und über seine Stellung zur Reformation zum Ausdruck bringen wollen.

Pankraz soll dem Herzog als wahrhaft adelige Buße angeboten haben, sich an dem Kampf gegen die Türken zu beteiligen. Aber leider beließ er es dabei nicht, folgte auch den Ratschlägen des Kardinals von Augsburg nicht, zeigte weder Demut noch Vorsicht, sondern griff den Herzog und seine Räte direkt an.

Die Anträge des Herzogs an das Konzil von Trient seien "Narren- und Teufelswerk", die Berater des Münchner Hofkanzlers ein "Ketzerrat". An eine Verschwörung habe niemand gedacht, aber da die Religion jedes Menschen eigenstes Gut und größter Schatz sei, dem man alles übrige nachsetzen müsse, könne man sie deswegen nicht bestrafen. Weder er noch der Graf Ortenburg hätten jemals an eine Verschwörung gedacht. Der Graf wolle nur sein Recht und suche solches beim Kaiser zu erlangen. "Er schreie nach Recht, wie ein Landknecht nach Geld, woll nit von der Thür, sondern für und für rufen: Recht, Kayser! Recht, König! Recht, Kammergericht!, bis sie müd werden. Wo ist aber ein aufgericht Bündnis? Keiner weiß nichts vom andern. Da ein Blutstropfen von einer Conspiration in seinem Leib wäre, wollt er den keine Stund behalten."

Was man in Mattighofen gefunden hatte, war kein Briefwechsel von Hochverrätern und Verschwörern, sondern, wie Bomhard abgewogen formuliert hat, die Korrespondenz "einer Vereinigung vor allem des evangelisch gesinnten Adels zur Verteidigung der ständischen Rechte gegen den aufkommenden landesfürstlichen Absolutismus."

An dieser Stelle ist nachzutragen, daß es 1516 schon einmal in ähnlichem Zusammenhang einen Hochverratsprozeß in Bayern gegeben hatte. Eine Neufassung der Landesfreiheitserklärung von 1508, auf die immer wieder abgehoben wurde, hatte 1516 einen jahrelangen Streit zwischen den bayerischen Herzögen und ihren Ständen beendet. Anschließend ließen die Herzöge ihrem Hofmeister, Hieronymus von Stauf, dem ersten Mann im Staat, als dem eigentlich Schuldigen an den Zerwürfnissen zwischen den Landesherren und dem Adel einen höchst fragwürdigen Prozeß machen, der mit seiner Hinrichtung endete. Das war im Gedächtnis der Menschen haften geblieben.

Die Richter:
Kein Hochverrat, keine Verschwörung, aber "Ungebührliches"

Für einen Hochverratsprozeß gegen die ganze Gruppe reichten nach Meinung der Richter die vorgelegten Briefe nicht aus, damit sei eine Verschwörung nicht zu beweisen. Zwar sei Ungebührliches geschehen, aber die Gewissen seien frei. Der Herzog möge Milde walten lassen. Die Liebe und der Gehorsam des Volkes gegen seinen Fürsten würden nur durch die Tugenden der Milde und Versöhnlichkeit erworben. Von jeher habe der Thron dauernder und fester gestanden, zu dem man mit Liebe und Verehrung emporschaue, als der, auf dem Grausamkeit und Argwohn wohnten.

Das war nicht der Spruch, den der Herzog erwartet hatte, noch weniger der Hofkanzler, der das gefundene Material ein bißchen manipuliert hatte. Er meinte, die Richter seien durch die Angeklagten bestochen worden. Aber Albrecht war klug genug, den Spruch nicht anzufechten und damit die Stimmung im Land zum Sieden zu bringen.

Alle Angeklagten hatten aber ihre Geleitsbriefe und Siegel abzuliefern und feierliche Abbitte für die Beleidigungen zu leisten, die sie sich gegenüber dem Herzog und seinen Räten hatten zu Schulden kommen lassen. Ein Schuldbekenntnis im Sinne der ursprünglichen Anklage wurde aber weder verlangt nach abgegeben.

Der Spruch des Herzogs

Maxlrain und ein weiterer Angeklagter wurden daraufhin gegen das Versprechen, nichts gegen den Herzog zu unternehmen und auf weitere Rechtsmittel zu verzichten, freigelassen. Zwei der Angeklagten, darunter Oswald von Eck, mußten das Land verlassen. Landesfreiheit und Landsässigkeit wurden ihnen aufgekündigt. Alle anderen, vor allem Freyberg und Laiming als die beiden Hauptbeschuldigten, hatten fußfällige Abbitte zu tun, auf das zugesagte freie Geleit zu verzichten, sich dem Herzog auf Gnade und Ungnade zu ergeben, um Verzeihung zu bitten und zu erbitten, "das vorhandene Recht" gegen sie einzustellen. Der Herzog gab ihnen im Gegenzug die schriftliche Zusicherung, sie weder an Leib und Leben noch mit ewigem Gefängnis zu strafen und ihnen nichts aufzuladen, was ihre Ehre kränke und ihr Gewissen beschwere.

Fünf von ihnen, darunter Pankraz Freyberg, wurden verhaftet und in die unterirdischen Gefängnisse des Falkenturms "in Diebsverwahrung" abgeführt. Sie würden die Bedingungen ihrer Freilassung noch erfahren. Nach zweimonatiger Gefängnishaft wurde ihnen ein Revers vorgelegt, in dem sie sich verpflichten sollten, nie mehr einen Landtag ohne ausdrückliche Aufforderung des Herzogs zu besuchen. Über den Prozeß hatten sie Stillschweigen zu bewahren, auf einen weiteren Rechtsweg zu verzichten und schließlich sollten sie ausdrücklich erklären, daß Graf Ortenburg als Landsaß nicht befugt gewesen sei, die Reformation in seinem Gebiet einzuführen. Entweder unterschreiben oder weiter im Kerker bleiben!

Der Prozeß selbst und die Behandlung der evangelischen Adligen hatten im Reich großes Aufsehen erregt. Der Kurfürst von Sachsen und der Landgraf von Hessen beschwerten sich beim Herzog über die Behandlung lutherischer Edelleute in Bayern. Der Pfalzgraf Wolfgang von Neuburg und der Herzog von Württemberg wandten sich erneut an den Kaiser. Der Kaiser versuchte zu vermitteln.

Die Behandlung der evangelischen Edelleute in Bayern drohte zu einem Skandal und zu einer Gefahr für die katholischen Edelleute unter protestantischen Landesherren zu werden. Albrecht war genötigt, sich in einem an alle Stände des Reichs gerichteten, wie Riezler meint, stark übertreibenden Rundschreiben zu verteidigen.

Man mußte sehen, wie man die Sache möglichst schnell aus der Welt schaffen konnte. Wer den Revers unterschrieb und sich daran zu halten versprach, sollte freigelassen werden. Unter dem Druck der Gefahr weiterer Kerkerhaft unterschrieben im Laufe der Zeit alle und wurden Mitte August freigelassen. Freyberg allerdings hatte die Unterschrift verweigert und war trotz mehrfacher Interventionen des Herzogs von Württemberg und sogar des Kaisers, die letzte vom 29. September, weiter inhaftiert geblieben.

Das Land verlassen?

Der Revers, den man von ihm zu unterschreiben verlange und der mehr Auflagen als bei den anderen enthalte, sei für ihn in einigen Punkten unannehmbar, u. a. dem, Ortenburg sei als Landsasse nicht befugt gewesen, in seiner Herrschaft die Reformation einzuführen. Das verstoße gegen kaiserliches Recht, in seiner Grafschaft sei er kein bayerischer Landsasse, sondern reichsunmittelbar. Unannehmbar sei für ihn auch die Forderung, keinen Landtag mehr zu besuchen, damit würde die Landesfreiheit verletzt. Das Verbot, seine Güter zu verlassen, verstoße gegen den Religionsfrieden, nach dem jeder seine Güter verkaufen und unbehelligt in ein anderes Land ziehen dürfe.

Es bleibe ihm jetzt gar nichts anderes mehr übrig, als das Land zu verlassen, da er bei dem jungen Fürsten ein für allemal verunglimpft sei, die Leute mit Fingern auf ihn zeigten und er nicht einmal das Geld aufbringen könne, um seinen Söhnen eine nützliche Heirat zu verschaffen und den Ausgleich zwischen seinen Kindern zu finanzieren. Er möchte sein Leben christlich beschließen und in Ordnung beenden, auch seinen Hintersassen nicht wieder die alte Religion aufzwingen. Nach wie vor war er nicht bereit, Stillschweigen zu bewahren und auf den weiteren Rechtsweg zu verzichten.

Ende August hatte die Familie beim Kaiser die Einsetzung einer Untersuchungskommission in München erbeten.

Im Falkenturm durchsuchte man die Zelle des Häftlings und fand ein Memorandum, in dem sich Freyberg mit den Zumutungen auseinandergesetzt hatte, verbunden mit schweren Vorwürfen gegen die herzoglichen Räte, und außerdem eine Notiz, nach der er sich mit seinem Gewissen an eine Unterschrift unter den verlangten Revers nicht gebunden fühlen werde.

Unterwerfen oder im Kerker bleiben!

Die Verhandlungen über seine Freilassung wurden daraufhin abgebrochen, die Kerkerhaft des alten und kranken Mannes weiter aufrechterhalten, die Überwachung verschärft und unmittelbar dem neuen Landhofmeister Ottheinrich von Schwarzenberg (11) übertragen, seinem persönlichen Feind, "ein Kerkermeister, der sein Peiniger wurde," wie ihn die protestantische Literatur Ende des vergangenen Jahrhunderts bezeichnete. Fanatismus, Haß und Feindschaft wurden jetzt offen gezeigt. Selbst Pflege und Diener für den Kranken, auch Besuch der Angehörigen wurden verweigert. Wieder wurde die Familie aktiv. Seine Schwäger appellierten an den Herzog. Christoph von Württemberg, Wolfgang von Pfalz-Neuburg, der Landgraf von Hessen wurden erneut in München vorstellig. Als das nichts nutzte, wandten sie sich wiederum an den Kaiser. Doch der stand ohnehin selbst im Verdacht, mit den Protestanten zu sympathisieren. Seine erneute Verwendung für Pankraz nutzte ebenso wenig, wie die Bitte der Mutter des Herzogs, wenigstens die Frau des Inhaftierten zur Pflege ins Gefängnis zu lassen.

Erst im Oktober wurden die Verhandlungen über die Bedingungen der Freilassung wieder aufgenommen. Für Pankraz verhandelte der Rat des Herzogs von Württemberg, Balthasar Eislinger, mit Umsicht und Gewandtheit nach beiden Seiten hin. Ihm gelang es, einige Härten in dem Revers abzumildern und die auf Ortenburg bezügliche Stelle streichen zu lassen.

Der Entwurf einer neuen Vereinbarung sah nun vor: Niederlegung der Ämter bei der Landschaft, keine Teilnahme

Ottheinrich von Schwarzenberg, Landmarschall unter Albrecht V.

an zukünftigen Landtagen, Verzicht auf weiteren Verkehr mit den Ständen, keine Reden und Schreiben gegen den Herzog, im Notfall vier Monate dem Herzog mit sechs gerüsteten Pferden auf eigene Kosten zu dienen, wenn nicht er selbst - ein Hinweis auf seinen Zustand - dann ein gleichwertiger Ritter. In kirchlicher Hinsicht war jedes öffentliche Ärgernis und jede Proselytenmacherei zu vermeiden, in den Kirchen seiner Herrschaft und Hofmarken durften keine Veränderungen mehr vorgenmmen werden, er selbst dürfe sich nur in seinen Gerichten Aschau und Wildenwart aufhalten und hatte Bürgen für die Erfüllung dieser Bedingungen und sein künftiges Wohlverhalten zu stellen.

Pankraz unterschrieb schließlich auf Anraten Eislingers den geänderten Revers. Seine Schwäger und einige Standesgenossen stellten die geforderte Bürgschaft. Mitte November 1564 wurde er zu den vereinbarten Bedingungen freigelassen. Aber er war nicht bereit, seine Ämter bei der Landschaft niederzulegen. Dies erfolgte dann durch eine Note des Fürsten.

Hätte Freyberg das Martyrium zu Ende ertragen, einen Märtyrertod suchen sollen? Die Frage hat man tatsächlich gestellt. Aber worauf hätte Pankraz noch hoffen können? Was hätte ein Märtyrertod geändert? Der Kampf um die Freigabe des Augsburger Bekenntnisses, um die Akzeptanz einer zweiten christlichen Konfession im Herzogtum, war verloren. Mehr als für Pankraz in Bewegung gesetzt worden war, konnte nicht geschehen. Er war nie allein gelassen worden, ihm waren immer noch Freunde, auch im katholischen Lager, geblieben. Aber der Herr von Hohenaschau war jetzt alt und krank und saß, von der Welt isoliert, im Kerker. Das Verhältnis zum Herzog war, nach allem, was vorgefallen und was bekannt geworden war, nicht mehr zu reparieren. Außerdem gab es da noch Briefe, die nicht bekannt geworden waren. Die Zeit, in der Pankraz und der Herzog einmal zusammengefunden hatten, lag fünfzehn Jahre zurück, ein halbes Menschenalter damals. Die Zeit war weitergegangen, das Band zerrissen.

Die alte Adelsfronde hatte sich aufgelöst. Die Stände hatten das landesherrliche Recht, ihre Beratungsgegenstände vorzuschlagen, akzeptiert. Jeder mußte mehr oder weniger sehen, wo er blieb. Noch wurde wenigstens das persönliche Eigentum geachtet, auch das Recht, in seinen eigenen vier Wänden seinem Glauben nachzugehen, wenn es auch nicht gern gesehen war. Die Weichen in München waren gestellt. Eine Chance, das noch einmal zu ändern, gab es nicht mehr. Das einzige, worauf zu hoffen blieb, war, noch einmal nach Hohenaschau zurückkehren und dort in Frieden im Kreis seiner Familie seine persönlichen Angelegenheiten regeln und im Einklang mit seinem Glauben das zur Last gewordene Leben zu Ende bringen zu können.

Das Ende in Hohenaschau

In seinem letzten Jahr in Hohenaschau konnte sich Pankraz von den Nachwirkungen der Gefangenschaft nicht mehr erholen. Er hielt sich aber auch nicht an alle Abmachungen. Mit einigen Standes- und Glaubensgenossen nahm er die Verbindung wieder auf. Er schrieb Dankesbriefe an alle, die sich in seinem Verfahren und in seiner Gefangenschaft für ihn eingesetzt hatten. Seine Pläne, das Land zu verlassen, konnte er nicht mehr auf den Weg bringen. Was hätte er bei seinem Schuldenstand auch verkaufen können, selbst, wenn er gewollt hätte, und schließlich, wohin und als was sollte er in dem Zustand, in dem er war, gehen?

Aber es gab nicht nur schlechte Nachrichten. Der Kardinal von Augsburg konnte im Oktober 1565 die Aufhebung des Banns erwirken. Der älteste Sohn Wilhelm hatte sich mit der Tochter des reichen sächsischen Feldobersten Wolf Tiefstetter auf Anglroda, einem Protestanten, verloben können. Die materielle Lage der Familie würde dadurch wieder eine bessere Grundlage erhalten. Zu den Merkwürdigkeiten der Geschichte gehört auch diese Verlobung Wilhelm von Freybergs mit der Tochter eines sächsischen Obersten. Wo, wie und durch wen ist diese Verbindung gerade zu diesem Zeitpunkt entstanden und was hat sie zu bedeuten?

Mit Pankraz ging es zu Ende. Mit Testament vom 21. Oktober setzte er seinen ältesten Sohn Wilhelm zum Grund- und Gerichtsherrn ein, so wie dies der Vater seinerzeit bei ihm gemacht hatte. In dem Testament bekannte sich Freyberg noch einmal ausdrücklich zum evangelischen Glauben, in dem er beharren und sterben möchte, auch wenn er so kraftlos und geistesschwach werde, daß er etwas dawider gedenken, reden und tun würde. Sein toter Leichnam solle ehrlich begraben "und kein Ceremonie oder päpstlich Gebrauch dabei gehalten werden, sondern dasselbig...hiemit ausdrücklich verboten und gänzlich abgeschafft sein solle..."

Die Glückwünsche Christophs von Württemberg und Wolfgangs von Pfalz-Neuburg zu der "stattlichen Heirat" trafen erst nach seinem Tode ein. Er habe, so hatte der Pfalzgraf am 22. Dezember noch an Pankraz geschrieben, von seiner Krankheit gehört und wünsche ihm von Herzen Besserung, daß er gesund sei an seines Sohnes Ehrentag, zu dem er in seiner Vertretung einen Gesandten abfertigen wolle. Auch hoffe er, der nächste Reichstag werde "viel gute Mittel" geben, daß Vater und Sohn von der Ungnad Albrechts entledigt werden könnten. Auch Württemberg hatte versprochen, sich am nächsten Reichstag für ihn zu verwenden. Was sollte das bedeuten, eine neue Runde? Wieder kann man nur spekulieren.

Pankraz sollte weder die Heirat seines Sohnes noch einen Reichstag, der sich seiner Sache annehmen würde, erleben. Am 24. Dezember 1565 verstarb er im Kreis seiner Familie auf Hohenaschau, an der "Dörrsucht", "bis ihn das Podagra, deß er vil jar gehabt, 1565 gar hingerissen," wie Wiguläus Hundt festhielt.

Pankraz wurde in der Familiengruft in der Niederaschauer Kirche, in der am Gottesdienst in seiner alten Form festgehalten worden war, beigesetzt. Wie sich die Geistlichen von Niederaschau angesichts des Testaments aus der Affäre zogen, ist nicht überliefert.

Auch für sie hätten im Zweifel die Schlußworte in seinem Testament zu gelten: "So vergebe ich hiemit von ganzem

Herzen allen denen, die mich beleidigt oder beschädigt haben, mit Worten und mit Werken, bittend, daß Gott ihnen dasselbe nicht zurechne, sondern gänzlich verzeihen wolle, (in) der tröstlichen Hoffnung, sie werden mir hinwieder christlich verzeihen..."

Nach dem damals üblichen halben Trauerjahr konnte Wilhelm die Tochter des Obersten heiraten. Zum ersten Mal seit langer Zeit fand sich im Schloß wieder eine stattliche Versammlung adliger Herren und Damen ein, auf Freybergscher Seite Joachim Graf von Ortenburg und Achaz von Laiming, des Vaters enge Freunde und Schicksalsgenossen. Auf Seiten der Braut der Ritter Christof von Karlstein zu Rothenhaus, kaiserlicher und sächsischer Rat, und Christof von Rachstein, kurfürstlich sächsischer Rat. Die festliche Hochzeit fand am 15. Mai 1566 in München statt. Mehrere Fürsten sind damals vom Reichstag zu Augsburg eigens zu dieser Hochzeit nach München gekommen, darunter der Kurfürst von Sachsen, der seinem alten Feldobersten Tiefstetter die Ehre gab.

Der Ehevertrag sah vor, daß alle Kapitalien beider Seiten "auf alle jetzigen und zukünftigen Erbstücke und Güter der Herrschaft Wildenwart verwiesen und mittels einer Spezialhypothek versichert werden sollten," mit Zustimmung übrigens des Herzogs. Die häufig verwendete Formulierung, die Schulden des Toten hätten 1567 nur durch den Verkauf von Wildenwart an Wolf Tiefenstetter, den sächsischen Schwiegervater Wilhelms, getilgt werden können, vereinfacht diesen Übergang etwas. Auf diese Weise blieb Wildenwart im Besitz der Familie. Pankraz' Frau, die über alle Höhen und Tiefen an seiner Seite geblieben war, überlebte ihn um dreizehn Jahre.

Was Höhen und Tiefen in einem solchen Leben für die Frauen bedeuteten, die in der Abwesenheit ihres Herrn für ihn handeln mußten, hat Martha Schad am Beispiel der Gräfin Ursula von Ortenburg-Fugger aufgezeigt. Nicht weniger beeindruckend wie der neue Geist dem Herzog in imponierender Charakterstärke durch Freyberg und Ortenburg gegenübertrat, war die unbeirrbare Haltung ihrer Frauen, die Energie, Umsicht, Furchtlosigkeit und Glaubensgewißheit, mit der sie, allein auf sich gestellt, ihre Position vertraten.

Pankraz hatte fünf Söhne (Wilhelm, Vespasian, Julian, Oktavian und Alexander) und zwei Töchter (Rebekka und Jakoba) hinterlassen. Wilhelm war in Hohenaschau geblieben. Vespasian wechselte zwischen Hof- und Kriegsleben in mehreren Diensten und wurde zuletzt im Braunschweigischen ansässig. Julius ging an den Weimarer Hof und begründete später die Salzburger Seitenlinie der Familie. Oktavian lebte zunächst an den Höfen in München und Stuttgart und schloß sich dann einem Feldzug in Frankreich an. Alexander siedelte sich in Niederbayern an.

Ein Jahr nach Pankraz' Tod hatte sich Ortenburg zu einem provisorischen Vergleich bereitgefunden, der zur Freigabe der Grafschaft führte. Aber damit war sein Fall noch nicht erledigt. Der Kaiser selbst hatte gegen die Einmischung Albrechts in die Reichsgrafschaft Einspruch erhoben und das Reichskammergericht stellte 1573 Ortenburgs Unabhängigkeit von Bayern wieder her. Das ermöglichte dem Grafen, die Reformation in seiner Herrschaft durchzusetzen, was zu erneuten Konflikten mit den bayerischen Herzögen führte, die ihn ähnlich wie Freyberg auch finanziell ruinieren sollten. 1574 unternahm Bayern einen letzten gewaltsamen Mediatisierungsversuch der Grafschaft. Joachim

Ortenburg bot Herzog Wilhelm V. die Grafschaft zum Kauf an. Der Kauf kam damals nicht zustande. Der Graf verstarb 1600 in ärmlichen Verhältnissen in Nürnberg. Erst 1602 erkannte auch Bayern offiziell die Reichsunmittelbarkeit der Grafschaft Ortenburg an.

Die Grafschaft blieb die einzige kleine protestantische Insel in Bayern, was zu endlosen Religionsstreitigkeiten mit dem Herzogshaus führte. Sie wurden erst 1805 dadurch beendet, daß Graf Joseph Carl von Ortenburg das Angebot des Kurfürsten annahm, seine Grafschaft gegen die säkularisierte Herrschaft Tambach und ehemals würzburgische Besitzungen zu tauschen, unter Mitnahme seiner reichsständischen Rechte. Seit damals nennen sich die in Schloß Tambach bei Coburg residierenden Herren Grafen zu Ortenburg-Tambach.

Die durchgreifende Gegenreformation begann in Bayern 1569 mit der Berufung eines Inquisitionstribunals unter Ottheinrich von Schwarzenberg, seit 1566 bereits in den Grafenstand erhoben, während der Regierungszeit Wilhelms V.. Schwarzenberg wurde noch dessen Obersthofmeister und Oberstkämmerer.

Die Legenden

Die Legendenbildung wurde in Gang gesetzt. Was die Richter dem Herzog und seinen Räten nicht abgenommen und was sie als Anklage fallen gelassen hatten, sei doch Hochverrat gewesen. So stand es in einer Flugschrift, die ein gewisser Joannes a Via zehn Jahre nach dem Prozeß veröffentlichte. Die Legende von der Ortenburger Verschwörung wurde in Umlauf gesetzt, so als hätte es das Urteil der Richter nie gegeben. Pankraz sei eben doch nicht als Opfer seines Glaubens, sondern als Verräter an seinem Herzog gestorben. Gegen dieses gezielt in Umlauf gesetzte Gerücht verwahrten sich die Söhne.

Wilhelm von Freyberg und Christoph von Laiming legten dem Landtag von 1579 eine Beschwerdeschrift über "ein lateinisches, famos Libell eines sicheren Joannes a Via" vor. Mit den Verschwörern könnten nur ihre Väter gemeint sein. Diese seien aber allein wegen vertraulicher Schreiben und keiner Untat wegen in die Ungnade des Herzogs gekommen und auch in ihrer Ehre unverletzt aus dem Verfahren hervorgegangen, wie ein Schreiben des Herzogs bewiese. Damit ihre Väter als Edelleute unbesudelt blieben, solle der Landtag vom Herzog die Konfiszierung der Schrift und die Bestrafung des Verleumders erwirken. Daraufhin erfolgte der herzogliche Bescheid, daß die Konfiszierung des Buches verfügt sei und der Herzog gegen die verantwortlichen Personen zur Zufriedenheit der Kläger vorgehen lassen werde.

Der angebliche Hochverrat blieb, auf den Wink des Herzogs, ein Hochverrat in Anführungsstrichen und ist dies bis heute geblieben. Aber damit war das Gerücht nicht aus der

Welt. 1634 erschien das Werk eines Jesuiten mit dem Titel "excubiae tutelares." Eine Fraktion mißvergnügter Landsassen, so wird darin berichtet, die die protestantische Religion mit Gewalt in Bayern einzuführen beabsichtigten, hätten zu diesem Zweck in Sachsen Truppen geworben. Der Fürst habe die Verschwörung aber entdeckt, ihre Häupter zu sich gerufen, ihnen ihre Untaten vorgehalten, aber großmütig Gnade vor Recht ergehen lassen und als einzige Strafe ihnen die Ringe, mit denen sie die Verschwörung besiegelt hätten, vom Finger gezogen und zertrümmert. Im übrigen habe der Herzog die Verbrecher geschont, auch dafür gesorgt, daß niemand die Namen der Schuldigen erfahren habe.

Fünfzig Jahre später widmete der kurbayerische Hofgerichtsadvokat, Dr. juris utriusque Anton Wilhelm Ertl, der Verfasser des Chur-Bayrischen Atlas', dem Fall in seinen "Denkwürdigkeiten Bayerns" (Relationes Curiosae Bavaricae) ein eigenes Kapitel mit der bemerkenswerten Überschrift "Etliche aufrührerische Untertanen werden von Albrecht dem Großmütigen auf sonderbare Weise bestraft." Nachdem der Fürst zur Fortpflanzung der römisch-katholischen Religion allerhand heilsame Anordnungen getroffen und durch seinen wachsamen Eifer in Bayern allen in Deutschland eingeschlichenen Glaubensirrtümern den Weg abgeschnitten habe, hätten etliche aus dem bayerischen Adelsstand sich nicht damit begnügt, nur heimlich auf den Eifer des Herzogs zu schimpfen, sondern einige Vertraute nach Sachsen geschickt, "um dort eine starke Mannschaft zu werben, mit welcher sie ihrem Vaterland das Messer an die Gurgel setzen und den regierenden Landesfürsten zur Gewährung der Gewissensfreiheit und anderer, davon abhängender Dinge mit gewaffneter Hand zwingen könnten."

Der Kurfürst von Sachsen habe sich darüber gewundert und an Albrecht geschrieben. Daraufhin sei der Herzog schleunigst nach Sachsen gereist "und ertappte die aufwieglerischen Gesellen noch ganz warm in ihrem Nest." Obwohl diese Bösewichte tausend Tode verdient hätten, habe ihnen der Herzog nur die Schamröte aus dem Gesicht getrieben und sie gezwungen, nächtens ihren Diamantring mit ihrem Stammes- und Geschlechtswappen beim Hof abzuliefern, worauf diese Ringe "in tausend Stücklein zermalmt und zerschlagen (wurden), auf daß sie dadurch ihrem adligen Geschlecht kein ewiges Schandmal hinterlassen möchten. Ihre Namen sind bis auf gegenwärtige Stund verborgen geblieben, weil Albrecht allen Geschichtsschreibern ... befohlen, der Delinquenten Stamm und Namen mit ewiger Vergessenheit zu vergraben."

Preger klagte in seiner Biographie über Pankraz von Freyberg, daß selbst nach dem wissenschaftlich geführten Nachweis, daß es keine Adelsverschwörung gegeben habe, die Legende noch immer in Geschichtswerken ihr Leben friste.

Selbst über den konfessionellen Standpunkt Freybergs war noch 1888 eine neue Legende in die Welt gesetzt worden. Freybergs Testament enthält ein eindeutiges Glaubensbekenntnis. Aber Primbs (als einziger), das sei der Vollständigkeit halber erwähnt, sieht das nicht so: Freyberg habe "bezüglich seines Begräbnisses von den üblichen Gebräuchen Abweichendes bestimmt." Er sei "nicht ganz frei von dem Einfluß der Lehren geblieben, welche Luther und seine Genossen über ganz Deutschland zu verbreiten begonnen hatten." Seinen Kindern habe er "ziemlich heidnische Namen" gegeben. Primbs widersprach sich, indem er Buehl zitierte, einige vom Adel, "die sich selbst zur neuen

Lehre bekannten", hätten auch in ihren Herrschaften derselben Eingang verschaffen wollen. "Mehr naiv als erfahren, glaubten dieselben, ihnen voran Graf Joachim von Ortenburg, der Maxlrainer zu Hohenwaldeck und Pankraz, daß auch sie den modernen Grundsatz 'cujus regio, eius religio' anwenden könnten und dürften, ganz vergessend, daß nicht Alles Allen, nur den Mächtigen gestattet."

So haben die Legenden in der Überlieferung die ihnen zugedachte Rolle gespielt und nicht den Menschen in den Umständen seiner Zeit beschrieben, sondern ihn in die Spannungen und Kontroversen ihrer jeweiligen Zeit hineingezogen. Dies ist es auch, was die Geschichte des Pankraz von Freyberg so beschwerlich und einen allgemein akzeptablen, versöhnlichen Abschluß kaum möglich macht. Das Verfahren war nicht sauber, der Prozeß nicht fair, die Rechtsbrüche evident, die Behandlung des kranken Häftlings schändlich. Mit Staatsräson läßt sich das nicht erklären, schon gar nicht rechtfertigen. Aber zugegeben, das ist eine moralische, keine historische Qualifizierung.

"Von der Parteien Haß und Gunst verwirrt..."

Frühere Historiker haben sich schwer mit ihm getan und selbst bei heutigen Autoren, die Herzog Albrecht gerechter werden möchten, ist erkennbar, daß es ihnen so ganz wohl bei der Geschichte nicht ist. Sie entzieht sich ganz offensichtlich der kühlen Distanz und Objektivität, die längst vergangenen Epochen gegenüber eigentlich selbstverständlich ist. Die frühe Legendenbildung zeigt, daß man am liebsten einen Deckel auf die ganze Verschwörer-Geschichte gemacht, Vorfall und Namen hätte vergessen lassen. Die Darstellungen Ende des 19. Jahrhunderts spiegeln deutlich den Standpunkt der Autoren in den politischen und kirchlichen Positionen ihrer Zeit, die heutigen kommen wenigstens ohne Polemik aus. Die Kommentare sind unterschiedlich und kontrovers geblieben und nicht unbeeinflußt von dem, was man sich selbst als Ausgang der Geschichte gewünscht hätte, denn sie war, wie man gesehen hat, bei Pankraz' Tod noch nicht ganz zu Ende. Auf dem Reichstag hätte es weitergehen sollen.

Was war Pankraz von Freyberg aber nun wirklich? Für die einen der Ketzer und adelige Frondeur, der seinen Herzog in die Schranken gefordert hatte und den nur dessen Großmut vor der einzig gerechten Strafe bewahrt und ihm sogar eine Ordnung seiner persönlichen Verhältnisse und ein friedliches Ende im Kreis seiner Familie nach seinem Glauben ermöglicht und den Besitz unangetastet gelassen hatte. Sie nannten deshalb Albrecht V. von Bayern Albrecht den Großmütigen.

Für die anderen hat er das Beispiel eines Mannes vorgelebt, der für seine Rechte und seine Glaubensüberzeugung standhaft und zur letzten Konsequenz bereit gewesen war, der letzte Ritter und der erste Märtyrer seines Glaubens im Lande.

Was hat er nun eigentlich getan?

Wenn aus Glaubensunterschieden ein grundsätzlicher, auch politischer Konflikt wird, völlig konträre Auffassungen bestehen über die Rolle und Rechte der Stände gegenüber dem Herzog und das Recht des Landesherrn, gemäß dem Augsburger Religionsfrieden zu handeln, dann müssen sich, wenn sie nicht mehr übereinstimmen können, Fürst und Hofmarschall trennen. So gesehen war es nur konsequent, daß man auf eine Trennung beider hinarbeitete und Pankraz sein Amt zur Verfügung stellte. Man darf aber nicht übersehen, daß damit auch ein Machtkampf bei Hof beendet wurde. Beide Seiten hatten ihre Lesart für die Entlassung: Pflichtverletzung oder Freigabe der Augsburger Konfession - gewissermaßen zur Auswahl, falls der Fall weiter eskalieren sollte.

Hochverrat "nein", so lautete der Richterspruch, "keine Verschwörung, aber Ungebührliches!" Das ist, mit allem Respekt gesagt, ein bißchen milde ausgedrückt, wenn man sich Freybergs Verhalten nach 1560 vergegenwärtigt. Gewiß gab es keine Verschwörung gegen den Landesherrn, aber es gab Konspiration, auch über die Landesgrenzen hinaus. Man wollte sich der Glaubensentscheidung des Herzogs nach "cuius regio, eius religio", nicht unterwerfen und, das ist immer im Zusammenhang damit zu sehen, man war nicht bereit, an seinen traditionellen ständischen Rechten rütteln zu lassen, daher Konspiration bis hin zur Illoyalität und schließlich offenem Widerstand.

Beide Religionsparteien standen sich im Reich armiert gegenüber, versuchten, ihr Einflußgebiet auszuweiten und scheuten, wenn es möglich war, auch eine bewaffnete Auseinandersetzung nicht. War es nicht eigentlich so, so sei zum Schluß gefragt, daß protestantische Reichsfürsten, vor allem solche in der Nachbarschaft, versucht hatten, auf die Entwicklung in Bayern im Sinne der Reformation Einfluß zu nehmen? Sie konnten auf offene und auf noch mehr heimliche Sympathisanten im Land setzen. Die in Bayern gelegene Freie Reichsstadt Regensburg war schon umgeschwenkt, andere in der Nachbarschaft auch, oder waren dabei, es zu tun. Ortenburg und Freyberg waren sehr weit gegangen, hatten in der Schlußphase, als die Auseinandersetzung in der Ständeversammlung eskalierte, die Loyalitätsgrenze nicht nur gestreift. Aber war Graf Ortenburg, der erste Landstand und auch Rivale des Herzogs, zusammen mit seinen Freunden nur vorgeschickt und besorgte der frühere Hofmarschall nicht auch die Geschäfte anderer? Man kann dies so sehen, und Herzog Albrecht, der Landhofmeister und der Hofkanzler haben dies gewiß so gesehen.

1564 war in Wien mit Maximilian II. ein Kaiser zur Regierung gekommen, dem man Sympathien, wenn nicht sogar mehr, für die Lehre Luthers nachsagte. Er war es gewesen, der mehrfach für Freyberg in München interveniert hatte. In seiner Regierungszeit (1564 - 1576) erreichte der Protestantismus in den habsburgischen Erblanden überhaupt erst seine weiteste Verbreitung. Das alles sollte man im Hinterkopf behalten, um zu verstehen, was Pankraz von Freyberg "vor Gott und Kaiserlicher Majestät" für vertretbar hielt. Aber ein Rebell, wie ihn ein Romancier publikumswirksam nennt, ist er sicher nicht gewesen. Auch wenn es heute schwer verständlich erscheint, Pankraz sah sich und das, was er anstrebte, im Rahmen und nicht außerhalb der gottgewollten Ordnung. Gerade das eigentliche Wesensmerkmal einer Rebellion, Empörung, Aufruhr gegen die bestehende Ordnung, war sein Motiv nicht, und diesen Verdacht haben auch die Richter nicht gelten lassen.

Wer die Religionsentscheidung des Landesherrn nicht hinnehmen wollte, weil ihm um seines Glaubens willen keine andere Wahl blieb, der hätte nach den Vereinbarungen des Augsburger Religionsfriedens das Land verlassen müssen und können. Das ist in der Folge in deutschen Landen vielfältig geschehen, war mit harten Entscheidungen und schweren persönlichen Schicksalen verbunden und führte zu einschneidenden Verlusten an menschlichen Potentialen auf allen Gebieten in den Auswandererländern und andererseits zu entsprechenden Gewinnen. Auf beiden Seiten, wie man immer hinzufügen muß.

Bei Pankraz von Freyberg hätte diese Entscheidung nach dem Verhör von 1561 noch fallen können. Spätestens da hätte er erkennen können, daß das "cuius regio, eius religio" den Landesfürsten und dem reichsunmittelbaren Adel, aber nicht dem landsässigen Inhaber einer Herrschaft, wie er einer war, zustand. Aber deswegen seine Herrschaft aufzugeben und das Land zu verlassen, scheint er in diesem und auch den nächsten beiden Jahren nicht einmal erwogen zu haben.

Der Nachruhm

Für den Nachruhm des Pankraz von Freyberg galt lange Zeit, was Friedrich Schiller in seinem berühmten Prolog zu Wallensteins Lager bei der Wiedereröffnung der Schauspielbühne in Weimar 1798 vortrug:

Von der Parteien Gunst und Haß verwirrt,
schwankt sein Charakterbild in der Geschichte.

Doch so groß wie jener Feldherr und Staatsmann war er nicht und von ihm ist auch, wie wir gesehen haben, einiges geblieben, was nicht von der Parteien Gunst und Haß verwirrt wurde. Entsprechend ist denn auch sein positives Andenken in seiner früheren Herrschaft und seine breite, wenn auch teilweise kontroverse Spur in der Literatur.

Sie wurde von keinem der glänzenderen, einflußreicheren und politisch noch gewichtigeren Preysings auf Hohenaschau, die durch seine jüngere Enkeltocher dort die Erben wurden, erreicht. Im Gegensatz zu ihm ist keiner der Preysings zu einer eigenständigen Figur der bayerischen Geschichte geworden. Sie sind stets nur im Zusammenhang mit ihren Fürsten zu sehen. Eine von ihnen unabhängige, eigene Rolle wie Freyberg hat keiner der Preysings je spielen wollen (vielleicht mit Ausnahme des Vorletzten).

Mit Pankraz von Freyberg erreichte die Bedeutung der Familie ihren Höhepunkt. Mit ihm ging zugleich auch das Zeitalter des Rittertums ("Vom wahren Adel") in Bayern zu Ende. Die Freybergs selbst sind nach dem Aussterben ihrer Hohenaschauer Linie eine große und einflußreiche Familie mit unterschiedlichen konfessionellen Zweigen und hohen Ämtern bei Hof, im Staat, in der katholischen Kirche und auch im geistig-kulturellen Leben geblieben, und sie sind dies heute noch.

Die Umstände waren so, daß auch in Bayern der Protestantismus auf dem Vormarsch war und das Land konfessionell möglicherweise hätte zum Kippen gebracht werden können, wenn der Herzog dem nicht entschieden entgegengetreten wäre. Karl Bosl vertritt in seiner Bayerischen Geschichte diese Meinung: "Hätte nicht der frei gewordene oder erstarkte landesherrliche Wille am Ende den Ausschlag gegeben, wäre das bayerische Herzogtum ebenso reformatorisch geworden wie die Markgrafentümer Ansbach-Bayreuth, die Oberpfalz, die sogar mehrmals die Konfession in siebzig Jahren wechselte, wie Pfalz-Neuburg; das belegen die Verhältnisse im Bistum Freising, das zeigt der weitverbreitete Kryptoprotestantismus im geistlichen Erzstift Salzburg und im oberösterreichischen Teil der Diözese Passau."

Hätte man das Augsburger Bekenntnis tolerieren sollen, wie in einigen österreichischen Erblanden, auf deren Beispiel immer wieder verwiesen wurde? Das ist gewiß eine unhistorische Frage, denn der Herzog von Bayern ließ die Dinge nicht weiterlaufen, aber es lohnt sich doch, diesen Gedanken einmal zu verfolgen.

Es sei hier an die Bemerkung Bérengers über Ferdinand I. in dem Kapitel über den jungen Herzog erinnnert. Seinen Kommentar, der König habe nicht daran geglaubt, daß der Zwang Abtrünnige in den Schoß der Kirche zurückführen könnte, schließt der Pariser Historiker zunächst mit einem Gedankenstrich ab, fährt dann aber fort, "im übrigen verfügte er gar nicht über die Mittel, einen derartigen Zwang auszuüben." Das ist der eine wichtige Unterschied. Albrecht V. verfügte über diese Mittel. Der andere liegt in der nach Meinung Albrechts wie auch schon seines Vaters für sein Haus existentiellen Bedeutung einer klaren Entscheidung der Glaubensfrage seines Landes. Darum und weil wir den späteren Verlauf der Dinge in den Erblanden kennen, ist eine Antwort auf die "unhistorische Frage" möglich: am Ende wären Bayern die bösen Vorgänge bei der gewaltsamen Rekatholisierung z. B. der Steiermark nicht erspart geblieben, (12) und so kann man es wohl auch als eine Art Staatsräson ansehen, die damals in Bayern zu einem frühzeitigen Ende der Illusionen über individuelle, vom Landesherrn unabhängige Glaubensentscheidungen führte und dem Land und seinen Menschen die Folgen unversöhnlichen Fanatismus' ersparte.

Der Wandel des katholischen Lutherbildes, die Erklärungen des II. Vatikanischen Konzils und die Stellungnahme des Sprechers der deutschen Bischofskonferenz zum 450. Todestag des Reformators haben es in einer traditionell katholisch geprägten Landschaft leichter gemacht, Pankraz' Charakterbild aus der Parteien Haß und Gunst zu lösen und ihn, eine der bedeutendsten Persönlichkeiten unter den vielen Inhabern der Herrschaft Hohenaschau, auch in den Umständen zu verstehen und zu achten, die mit seiner Glaubensüberzeugung zusammenhängen.

Pankraz von Freyberg ist einer der ersten erfolgreichen Unternehmer von ritterschaftlicher Herkunft gewesen, hat Reformen in Gang gesetzt, die wie die Almordnungen jahrhundertelang hielten, hat Baugeschichte geschrieben, deren eindrucksvolle Spuren man heute noch verfolgen kann. Er hat viele bedeutende, bis ins 19. Jahrhundert bestehende Unternehmen begründet, wie die Eisenwerke. Bis zum Kohlezeitalter, dem Beginn der Industriellen Revolution, sind die Eisenhüttenwerke Bergen und Aschau die größten Hochofenwerke Altbayerns gewesen. Selbst den Beginn des industriellen Zeitalters haben sie noch fast zwei Generationen überlebt. In der Geschichte der deutschen Eisenhüttenwerke haben die Gründungen Freybergs ihren festen unbestrittenen Platz.

Die von ihm gegründete Brauerei mußte erst vor wenigen Jahren geschlossen werden. Den Aschauer Markt gibt es immer noch. Auch ohne die Reformation hätte man ihn in seiner Herrschaft einen Reformator nennen können.

Es war ihm möglicherweise auch um den Status seiner Herrschaft gegangen. Denn so wie sich unterhalb des Kaisers die Landesherrn möglichst unabhängig von ihren Ständen machen wollten, versuchten dies die großen adligen Standesherren unterhalb der Landesherrschaft. Pankraz von Freyberg hatte man im Verdacht, daß er die Reichsfreiheit anstrebe, aber beweisen konnte man ihm das nicht, und ein Beweis hat sich auch bis heute nicht gefunden. Wenn Primbs bei der Verzettelung des Aschauer Archivs wirklich einen Beleg dafür gefunden hat, bleibt unverständlich, warum er zwar die Behauptung aufstellt, aber dazu keine Quelle angibt. Irgendeinen Niederschlag hätte das finden müssen, denn unter den gegebenen Umständen wäre der Erhebung zum Reichsfreiherrn ein längeres, äußerst kompliziertes und aktenproduzierendes Verfahren vorausgegangen. Die Geschichte der "Reichsfreiheit" scheint aber auch deshalb etwas unwahrscheinlich, weil ein "Reichsfreiherr" Pankraz von Freyberg seine Herrschaft, die ein bayerisches Lehen war, kaum in die Reichsfreiheit hätte mitnehmen können.

Freyberg wird immer wieder in den unterschiedlichsten Zusammenhängen erwähnt. Koch-Sternfeld rühmte ihn Anfang des 19. Jahrhunderts als gewichtigen Landherrn, verständig in der Alpen- Land- und Waldwirtschaft, trefflichen Hauswirt, unternehmend im Berg- und Hüttenwesen.

Die fünfzigseitige erste und bisher einzige Biographie stammt aus dem Jahr 1893, ist also über hundert Jahre alt. Ihr Verfasser, Konrad Preger, würdigte ihn als "des Herzogs vertrauter Freund und Ratgeber... wohlgelitten am kaiserlichen Hof, befreundet mit den Großen des Reichs, getragen von der Achtung der Stände..."

In unserer Zeit würdigte Karl Ludwig Ay Pankraz als einen der hervorragendsten Vertreter des evangelischen Adels, der von seinem Herzog zugrunde gerichtet worden sei. Karl Bosl nannte ihn einen Staatsmann, der maßgeblichen Einfluß auf die Landespolitik genommen hat, einen erfolgreichen Wirtschaftsunternehmer, und bezeichnete ihn als vorbildlichen Organisator auf wirtschaftlichem Gebiet (Kodifizierung von Alm-, Forst- und Weideordnungen; Verbesserung des Steuer- und Finanzwesens), aber auch als sozial denkenden Unternehmer, und nennt hier die Ansiedlung von Handwerkern und die Gründung von Märkten. Peter von Bomhard kennzeichnete ihn in der Neuen Deutschen Biographie als "eine der geistig und ethisch hervorragendsten Persönlichkeiten des bayerischen Adels im 16. Jahrhundert." Gustav Beckmann charakterisierte ihn als "den hervorragendsten Wirtschafts- und Verwaltungsmann, den unser Gebiet je gesehen." Man könnte die Liste ähnlicher Urteile leicht fortsetzen. Pankraz von Freyberg hat seinen Platz in der Geschichte Bayerns, einen herausragenden Platz. Sein Name fehlt in keinem Geschichtswerk.

Schloß Hohenaschau 1996 (Luftaufnahme)

Anmerkungen

Wer ein bestimmtes Thema neu bearbeitet, weiß, daß ohne die, die vor ihm geforscht, interpretiert und publiziert haben, seine eigene Arbeit nicht denkbar wäre. Den größten Dank schuldet der Verfasser darum auch allen, die sich vor ihm mit Pankraz von Freyberg beschäftigt und erstmalig die umfangreichen, Freyberg betreffenden Akten und Nachlässe im Bayerischen Staatsarchiv und im Staatsarchiv für Oberbayern durchgesehen und daraus veröffentlicht haben. Die Aktenbestände in den beiden Archiven sind verzettelt. Der Inhalt ihrer Bestände ist in dem Aufsatz von Fritz Mayer wiedergegeben. Aber darüber hinaus gibt es noch weitere Freyberg betreffende Akten in München und Wien. Die Dokumentation in den Archiven ist selbst in diesem Fall nahezu unerschöpflich. Die Arbeiten, die auch den Weg zu den Quellen zeigen, sind im folgenden Literaturverzeichnis aufgeführt. Das Literaturverzeichnis führt die wissenschaftliche Literatur und die Quellen auf, auf die sich der Verfasser stützt. Es verweist daneben auch auf mehr populäre Darstellungen, die dem Nichthistoriker leichter zugänglich sind.

Diese Arbeit verzichtet bewußt auf einen wissenschaftlichen Apparat. Das würde nur zu Mißverständnissen über die Ambitionen führen und den Leser eher abschrecken. Im Text werden einige Hinweise für den gegeben, der gerne noch etwas mehr über die teilweise sehr komplizierten Zusammenhänge wissen möchte. Diese Hinweise sind dem Literaturverzeichnis vorangestellt. Fachhistoriker werden unschwer erkennen, wo der Verfasser sich mit der Meinung anderer Autoren auseinandersetzt, auch da und dort etwas richtig stellt, was wir heute besser wissen können, oder auch anders sehen. Hinsichtlich vieler Einzelheiten, die vor allem im vergangenen Jahrhundert zusammengetragen wurden, mußte der Verfasser selektieren und sich entscheiden, was von dem für eine lesbare Gesamtdarstellung heute noch wichtig und mitteilenswert ist.

Wenn die Formulierung "näheres ist nicht bekannt" oder das Wort "offensichtlich" gebraucht wird, so, weil die Quellenlage nicht mehr hergibt, oder auch, weil unterschiedliche Versionen überliefert sind (z.B. schon für das Geburtsjahr, die Dauer seiner Kerkerhaft und selbst für den Todestag Pankraz'), und wir uns mit "offensichtlich" für die uns wahrscheinlichere entscheiden. Was wir als Frage nicht beantworten können, haben wir als Frage stehen lassen.

Die meisten wörtlichen Zitate stammen, wenn nicht direkt aus zeitgenössischen Quellen zitiert oder namentlich anders verwiesen wird, aus dem Büchlein von Preger. Der leichteren Lesbarkeit wegen wurde für manche altdeutschen Wörter der heutige Sprachgebrauch gewählt. Hinsichtlich der Schreibweisen der Namen sei darauf verwiesen, daß diese teilweise unterschiedlich sind.

Geschichte, so hat Gordon A. Craig 1981 in seiner Dankrede für den Historikerpreis der Stadt Münster gesagt, ist "weder vom Gegenstand noch vom Zwecke her eine exakte Wissenschaft, sondern eine humanistische Disziplin" und - in Anlehnung an Thukydides - hinzugefügt, ihre Aufgabe sei, "das Studium nicht von Umständen, sondern von Menschen in Umständen." Dem entspricht der Aufbau dieser Biographie, zuerst "die Umstände" darzulegen, das Reich zu Beginn des 16. Jahrhunderts, und dann den Menschen in diese Umstände zu stellen, seinen Aufstieg, seinen Fall und seinen Ruhm zu schildern.

Diese Publikation hätte nicht entstehen können ohne die vielfältigen Ermutigungen der Herren Dr. med. Hans Stocker, des Vorsitzenden des Heimat- und Geschichtsvereins Aschau, und Wolfgang Bude, des geschichtskundigen rührigen Leiters der Kurverwaltung, der auch die Bilder und den Text des Johannes Weiglhamer zur Verfügung stellte sowie die Herausgabe des Buches abwickelte. Beide Herren haben dafür gesorgt, daß aus einem Vortragsmanuskript von wenigen Seiten dieser nach einhundert Jahren nunmehr zweite Versuch einer Biographie des Pankraz von Freyberg auf Hohenaschau vorgelegt werden konnte. Ich schulde Dank Kollegen an der Universität Würzburg, den Herren Prof. Dr. Peter Baumgart und Prof. Dr. Dr. Klaus Wittstadt, ohne sie in die Mitverantwortung für meine Formulierungen hineinziehen zu wollen, und Herrn Prof. Dr. Günter Hess für die Hinweise zu der Widmung des Johannes Weiglhamer, nicht zuletzt auch Herrn Dr. Siegfried Wenisch, Bayerisches Staatsarchiv Würzburg, München, Frau Dr. Elisabeth Spranger, Haus-, Hof- und Staatsarchiv Wien, und Frau Dr. Franziska Zaisberger, Landesarchiv Salzburg, für wichtige Hinweise und Anregungen. Mehr als allen anderen schulde ich Dank meiner Frau für ihr Verständnis für diese "Nebenbeschäftigung," für die Geduld, mit der sie Korrekturen liest und die Beharrlichkeit, mit der sie auf die Klärung möglicherweise mißverständlicher Formulierungen drängt.

Hinweise

1) Vicedom, auch Vitzum = vice domini = Vertreter des Landesherrn. Die Pfleger vertraten unter den Vicedomines, der Mittelbehörde des Landesherrn, die untere Ebene der damaligen herzoglichen Verwaltung. Darunter darf man sich aber keine Ämter im heutigen Sinne eines permanenten Verwaltungsbetriebs vorstellen. Amtiert wurde bei Bedarf. Der Staat der beginnenden Neuzeit war noch weit davon entfernt, so präsent zu sein und sich für so allzuständig zu halten, wie wir das heute kennen. Unter den Pflegern standen die adligen Hofmarken und Herrschaften, meist mit eigener Gerichtsbarkeit, eigenen Gefolgsleuten, Untertanen und Grundholden, d.h. zur Herrschaft gehörenden Leibeigenen, und eigenen Verwaltern, letztere fast immer in Personalunion mit dem herrschaftlichen Richteramt.

2) Kirchenrechtlich gehörte das Priental sogar bis 1809 weiterhin zu Salzburg. Der Fürstbischof vom Chiemsee war einer der vier Suffraganbischöfe Salzburgs. Im Hochstift, dem weltlichen Besitz der Fürsterzbischöfe, war er der oberste Landstand, also der ranghöchste Adlige nach dem Fürsten des Landes, zu dem damals noch weite Teile des heutigen Bayern östlich des Chiemsees gehörten.

3) Mehrere Versuche Kaiser Karls V., durch Gespräche zwischen den Religionsparteien die drohende Kirchenspaltung aufzuhalten, mußten 1541 als gescheitert angesehen werden. Das sogenannte Regensburger Religionsgespräch dieses Jahres hatte erwiesen, daß die Spaltung in der Kirche bereits eine Tatsache war.

Am 13. Dezember 1545 endlich hatte in Trient das Konzil eröffnet werden können. In 18 Jahren, unter fünf Päpsten, wurde mit zwei Unterbrechungen auf dem Konzil um eine Selbstbesinnung und Erneuerung der katholischen Kirche gerungen, ein langer und dornenreicher Weg, der erst zwei Jahre vor dem Tod Pankraz von Freybergs sein Ende fand und Klarheit schuf - für die, die den alten Glauben beibehalten wollten und für jene, die dies nicht mehr wollten, bzw. nicht mehr konnten.

4) Die älteren Urteile weichen z. T. erheblich von der neueren Darstellung ab. S. dazu 2. Band des Handbuchs der Bayerischen Geschichte (Lutz/Ziegler), dessen Verfasser selbst den von Doeberl verwendeten Ausdruck "protestantenfreundlich" für die Anfänge der inneren Politik Albrechts als zwar vorsichtig, aber nicht genügend gegen Mißverständnisse geschützt, bezeichnen. Sie formulieren: "Persönlichkeit und Politik Albrechts sind unterschiedlich beurteilt worden." Das ist in der Tat so und wird trotz des neueren Forschungsstands, s. dazu vor allem Weinfurter, infolge der großen Lücken in den Quellen und Forschungen wohl noch lange so bleiben. Lutz/Ziegler verweisen sehr zu recht darauf, daß in dieser Epoche der bayerischen Geschichte Weltliches und Kirchliches, Unwägbares und Wägbares eng verschlungen sind. Ein späterer Biograph Albrechts wird in die ersten Jahre des jungen Herzogs gewiß mehr Licht bringen.

5) In der Literatur wird häufig der Ausdruck verwendet: "fand die Reformation in der Herrschaft Hohenaschau Eingang." Das ist aber nicht so zu verstehen, daß einfach an Stelle des katholischen Ritus der protestantische trat, oder eingeführt wurde. Man konnte nicht die

eine Kirche aufkündigen und in eine andere eintreten. Es gab abtrünnige Sekten wie die Täufer. Aber evangelisch gesinnt zu sein, bedeutete nicht, einer Sekte anzugehören, oder gar ein Täufer zu sein, sondern von der Bibel und nicht von überkommenen, verordneten Kirchenlehren her seinem Glauben leben zu wollen, so wie dies die im Lande umherziehenden evangelischen Prädikanten verkündeten. Die Religionsedikte verhinderten zudem, daß es zu regulären evangelischen Gemeinde- und Kirchenbildungen in auffälligem Umfang kommen konnte.

6) F. W. Barthold erwähnte in seinem Werk, George von Frundsberg oder das deutsche Kriegshandwerk zur Zeit der Reformation, Hamburg 1833, auf Seite 272, daß Albrecht von Freiberg aus schwäbischem Adel unter Frundsberg 1525 nach Italien zog und gibt dafür auch Quellen an. Der Vorname könnte auf einer Verwechslung beruhen. Frau Dr. Elisabeth Springer, Wien, machte mich darauf aufmerksam, daß im Haus-, Hof- und Staatsarchiv Wien im Bestand "Kriegsakten" (Fasz. 1.2) Materialien über die kaiserlichen Kriegszüge in Italien aus diesen Jahren vorhanden sind, sich aber bei einer stichprobenartigen Durchsicht keine Namenslisten oder ähnliches auffinden lassen. Man wird also eventuell über die Kriegsjahre des jungen Ritters noch mehr berichten können, als dies bisher geschehen ist.

7) Die "Geheimen", auch "Heimlichen Räte" genannt, genossen das besondere Vertrauen des Fürsten, waren ranghöher als die anderen Räte und wurden vorzugsweise zur Beratung der intimsten Fragen herangezogen. Der Ruf an den Hof des Fürsten bedeutete den Glanzpunkt im Aufstieg einer Familie und des zu den Hofgeschäften herangezogenen Familienmitglieds. Der

Fürst war in der Auswahl seiner Berater frei. Die quantitative Zunahme der Regierungsgeschäfte verlangte, daß qualifizierte und vertrauenswürdige Personen am herzoglichen Hof zur Verfügung standen, um auf Weisung des Herrschers die Staatsgeschäfte zu erledigen. Die Räte nahmen hier die erste Stelle ein. Hofchargen und Staatsämter waren noch nicht getrennt. Der Herzog konnte nach Belieben verfügen, auch wenn es schon eine gewisse Kompetenzaufteilung gab. Meist kamen die Mitglieder des Hofstaats aus dem Bereich der eigenen Ministerialen, waren landsässig.

Höherrangig als sie waren die vier obersten Hof-(Erz-)Ämter Truchseß, Kämmerer, Schenk und Marschall, meist aus dem Grafenstand und mit dem Herzogshaus verwandt oder verschwägert. Daß Pankraz von Freyberg in diesen Kreis aufrücken konnte, zeigt mehr als alles andere das Gewicht seiner Person.

8) Hof und Verwaltung eines Fürsten waren nicht denkbar ohne den hohen Adel seines Landes. Die einzelnen Familien standen, wie auch die Freybergs, häufig schon seit Generationen im Dienste des Herzogs. In diesem Zusammenhang muß man auf weitere Adelsfamilien hinweisen, die im Dienste des Landesherrn standen und eine besondere Beziehung zu Pankraz von Freyberg gewinnen sollten. Drei Namen sind bereits aufgetaucht, der des Wiguläus von Hundt, aus altbayerischem Adel stammend, seit 1552 Hofratspräsident, d.h. höchster Richter und Leiter der zentralen Regierungsinstanz, der noch nicht getrennten Verwaltungs- und Justizbehörde. Er wurde einer der einflußreichsten Berater Albrechts, und als Historiker hatte er in seinen Stammtafeln als erster viele Einzelheiten überliefert.

Die Preysings von Kronwinkl gehörten zum bayerischen Uradel. Sie waren gewohnt, in den Diensten der Wittelsbacher zu stehen und für sie höchste Hof- und Staatsämter wahrzunehmen. Einer von ihnen sollte durch Heirat der letzten Erbtochter der Freybergs, einer Enkelin des Pankraz, gleich zu Beginn des nächsten Jahrhunderts Erbe der Herrschaft Hohenaschau und Begründer dieses Zweigs der Preysings werden, die Hohenaschau bis 1857 besaßen.

Bedeutender noch als die Preysings waren die ebenfalls schon erwähnten Ortenburger. Nach den Wittelsbachern und den Andechsern waren sie im hohen Mittelalter das mächtigste bayerische Dynastengeschlecht und zeitweise Inhaber des Pfalzgrafenamtes gewesen, womit auch das Amt des Truchses verbunden war. Auch wenn sie einen Teil ihres ehemals ausgedehnten Herrschaftsbereichs an die Wittelsbacher verloren hatten, waren die Ortenburger im 16. Jahrhundert immer noch eine der reichsten und mächtigsten Adelsfamilien im Lande, die erste Familie nach der der Herzöge und als reichsfreie Grafen von ihnen unabhängiger als der nur landsässige Adel. 1551 hatte der erst 21jährige Joachim von Ortenburg die Regierung der Grafschaft übernommen.

Nicht aus bayerischem Uradel, sondern aus einem fränkischen Ministerialengeschlecht stammten die Schwarzenbergs, in dieser Zeit bereits in der zweiten Generation in herzoglich bayerischen Diensten. Einer von ihnen, Ottheinrich, war einer der Hauptgegner Freybergs. Vater, Bruder und Sohn dienten wie er den Herzögen als Räte und Landhofmeister. Der Landhofmeister hatte die Funktion eines leitenden Ministers. Er war "die rechte Hand des Herzogs", der angesehenste und wichtigste Hofbeamte, dem die Aufsicht über alle

Hofbediensteten übertragen war. Als Inhaber der höchsten Hofcharge wurde er als der Nächste nach dem Herzog und als sein Generalstellvertreter angesehen. Unter seinem Vorsitz tagten die für die Landesverwaltung zuständigen Hofräte. Er entschied auch über die Bearbeitung der eingehenden Vorgänge. Die Schwarzenbergs wurden für ihre Dienste in den Grafenstand erhoben und fürstlich belohnt. Der Erlös ihrer bayerischen Besitzungen bildete die Grundlage für den Auf- und Ausbau ihrer Grafschaft Schwarzenberg, die südlich an das Hochstift Würzburg angrenzte.

Mit Landhofmeister, Hofmarschall, Hofkanzler und Präsident des Hofrats hat man die vier einflußreichsten politischen Ämter des Herzogs.

Aus dem alten Hofstaat hatten sich die Hofämter und die Zentralbehörden entwickelt. Aber das war nicht von heute auf morgen in eindeutiger Abgrenzung so festgelegt worden. Vieles hing von den handelnden Personen ab und manche Überschneidungen sollten sich aus herzoglichen Sonderaufträgen ergeben.

9) Wenn er vor dem Hintergrund des konfessionellen Zwiespalts und mit den Anlässen, die sich dabei boten, ausgetragen wurde, muß man bei der Schilderung der Geschehnisse aufpassen, daß man nicht Positionen vorwegnimmt, die sich voll erst im Laufe der Gegenreformation, also erst etwa 25 Jahre später, herausbildeten und sich schließlich auch in unversöhnlichen politischen Lagern gegenüberstanden. Das Christentum selbst, und lange eigentlich auch noch die Kirche, standen zwischen dem Reformator und seinen Gegnern nicht in Frage. Die Frage war, wie man seines Glaubens leben sollte und seiner Verantwortung vor Gott gerecht werden konnte. Luthers Vorstellungen, der sich

mit ihnen immer noch in der einen großen christlichen Kirche sah, waren andere als die seines großen Gegners Johannes Eck in Ingolstadt, um den für Bayern wichtigsten Namen auf katholischer Seite zu nennen.

10) Wir haben es in dieser Zeit mit vier "Ecks" zu tun, die in der populären Literatur nicht selten durcheinandergebracht werden: Johann Eck (eigentlich Maier), 1486 - 1543, ist der Ingolstädter Theologe, der berühmte Gegenspieler Luthers, der Halbbruder von Simon. Leonhard von Eck, 1480 - 1550, mit beiden nicht verwandt, war durch drei Jahrzehnte der eigentliche Kopf der bayerischen Politik, der maßgebliche Berater Wilhelms IV., ein Realpolitiker, der die Grundlagen für die Stellung Bayerns als bedeutendste katholische Macht legte, selbst aber immer Verbindungen über die konfessionellen Gegensätze hinaus pflegte. Oswald von Eck ist sein Sohn, ihn finden wir in der sogenannten "Altenburger Verschwörung" auf der Seite der evangelischen Adelsfronde, was ihn teuer zu stehen kam. Simon Thaddäus (auch Simon Judas) Eck, ist das Halbbruder Johanns, Jurist wie Leonhard und seit 1559 Rat und Kanzler Albrechts V. Er wurde zum führenden katholischen Politiker seiner Zeit, der das Werk Leonhards vollendete, Bayern zu einer dominierenden Stellung in Süddeutschland und der katholischen Kirche im Herzogtum zum Sieg verhalf.

11) Ähnlich wie bei den Ecks haben wir es in dieser Zeit mit mehreren Schwarzenbergs zu tun: Christopf, 1488 - 1538, war von 1520 bis 1538 der Landhofmeister Wilhelms IV., Wilhelm, 1511 - 1552, der ältere Bruder Ottheinrichs, war Landhofmeister von 1548 - 1552, Ottheinrich, dessen jüngerer Bruder, 1535 - 1590, war von 1562 - 1571 Landhofmeister Albrechts, Wolf Ja-

kob, 1560 - 1618, der Sohn Ottheinrichs, wurde der Alleinerbe der Güter seines Vaters, die er 1604 verkaufte und den Erlös zum Ausbau der Grafschaft Scharzenberg verwande, Johann, 1463 - 1528, war Hofmeister des Fürstbischos von Bamberg und trat nach seinem Anschluß an die Reformation in Brandenburgische Dienste, wo wir ihm von 1525 bis 1528 als Landhofmeister in den Brandenburgischen Erblanden begegnen.

12) Wer auf das umfangreiche Werk von Grete Mecenseffy nicht zurückgreifen möchte, sei als Beispiel auf die kurze Darstellung in "Evangelische Kirche Neuhaus-Trautenfels 1575 - 1599", Kleine Schriften der Abteilung Schloß Trautenfels am Steiermärkischen Landesmuseum Joanneum, Heft 23, 1992, verwiesen.

Literatur

Ay, Karl Ludwig, Dokumente zur Geschichte von Staat und Gesellschaft in Bayern; Abt. I, Bd. 2, Altbayern bis 1550, München 1977

Ay, Karl Ludwig, Der Ingolstädter Landtag und der Bayer. Frühabsolutismus, in ZBLG 41, 1978

Ay, Karl Ludwig, Land und Fürst im alten Bayern, Regensburg 1988

Beckmann, Gustav, Die Herrschaften Aschau und Hirnsberg-Wildenwart bis zum Austerben der Freyberg (1276-1603) in ZBLG 1928

Bérenger, Jean, Die Geschichte des Habsburgerreiches 1273 - 1918, Wien, Köln, Weimar 1995

Bomhard, Peter von, P.v.F. in NDB Band 5, Berlin 1961 S.422

Bomhard, Peter von, Die Kunstdenkmäler des Stadt- und Landkreises Rosenheim Bd.2, Gerichtsbezirk Prien, Rosenheim 1957

Bosl, Karl, Bayern, Handbuch der historischen Stätten Deutschlands, Stuttgart 1961, S. 838 folg.

Bosl, Karl, Bayerische Geschichte, München 1974

Bosl, Karl, Bayerische Biographie, Regensburg 1983,

Brandmüller, Walter, Handbuch der Bayerischen Kirchengeschichte, Ottilien 1993

Brosseder, Johannes, Der Glaube schnarcht nicht, SZ AM WOCHENDENE Nr. 40, 17./18. Febr. 96

Buehl, Verfahren Albrechts V. gegen den Grafen von Ortenburg, in Obb. Archiv II,2

Deckart, Gerald, Bayerisches Lesebuch, München 1971

Doeberl, Michael, Entwicklungsgeschichte Bayerns, München 1912,

Ernst, Viktor, Briefwechsel des Herzogs Christoph von Wirtemberg, Bd. I-IV, Stuttgart 1899-1907

Ertl, Anton, Wilhelm, Größte Denkwürdigkeiten Bayerns, Düsseldorf/Köln 1977

Ferchl, Georg, Bayerische Behörden und Beamte 1550 - 1807 Obb. Arch. VIII, München 1908-1912

Götz, D. Die angebliche Adelsverschwörung gegen Herzog Albrecht V. i. Forsch. z. Gesch. Bayerns XIII 1905

Goetz, Walter, Albrecht V. Herzog von Bayern, NDB I, 1953

Goetz, W. Die bayerische Politik im ersten Jahrzehnt Herzog Albrechts V., München 1896

Goetz, Walter, u. Theobald, Leopold, Beiträge z. Gesch. Herzog Albrechts V. u. d. sog. Adelsverschwörung von 1563 = Briefe und Akten z. Gesch. d. XVI. Jhdts. VI, 1913

Hartmann, K., Der Process gegen die protestantischen Landstände in Bayern unter Herzog Albrecht V. 1564, München 1904

Heigel, K. Th., Joachim Graf von Ortenburg, ADB 24.Bd. 1887

Herold, Gerhard: Pankraz von Freyberg und die bairische Kelchbewegung in: ZBLG 39, 1976, S. 114 folg.

Hillerbrand, Hans J., Brennpunkte der Reformation, Zeitgen. Texte und Bilder, Göttingen 1967

Höhne, Wolfgang, Pankraz von Freyberg, Aschau 1965

Hundt, Wiguläus (auch Wigulaeus und Wiguleus) von, Bayer. Stammesbuch Bd. 1-2, 1585/86, 3, 1830, hg. v. Freyberg; Begriff und Verfang des Stammes derer von Freyberg zu Aschaw, Cod. germ. mon. 2322

Huschberg, Geschichte des Hauses Ortenburg, Sulzbach 1828

Koch-Sternfeld, J. E. Ritter von, J. Maximilian V. Fr. Xaver Graf von Hohenaschau... München 1827

Lanzinner, Maximilian, Fürst, Räte und Landstände. Die Entstehung der Zentralbehörden in Bayern 1511 - 1598 Göttingen 1980

Lutz, H./Ziegler, W., Das konfessionelle Zeitalter in: Handbuch der Bayerischen Geschichte 2. Band München 1988 S. 323 folg.

Mayer, Fritz, Das Hohenaschauer Archiv, in Mitt. f. Archivpfl. in Bayern

Mecenseffy, Grete, Geschichte des Protestantismus in Österreich, Graz, 1956

Memorabilia über Pankraz von Freyberg, archiviert Artikel aus meinem Schreibtäfelein betreffend, unter Buehl Nr. 11

Politische Geschichte Bayerns, in Hefte zur Bayerischen Geschichte und Kultur Band 9, München 1989

Pallender, Heinz, Tambach, vom Langheimer Klosteramt zur Ortenburg'schen Grafschaft, Historie des gräfl. Hauses Ortenburg, des Klosteramtes und Schlosses Tambach, Coburg 2/1990

Peets, Hartwig, Volkswissenschaftliche Studien Augsburg/München 1880

Preger, Konrad, Pankraz von Freyberg auf Hohenaschau, ein bairischer Edelmann aus der Reformationszeit, Halle 1893

Primbs, Karl, Das Schloß Hohenaschau und seine Herren, Obb. Arch. 45 1888/89,

Riezler, Siegmund von, Geschichte Bayerns 4. Band, Gotha 1899

Rössler, H., Warum Bayern katholisch blieb, in: Beitr. z. altbayer. Kirchengesch. 33, 1981

Rosenthal, Eduard, Geschichte des Gerichtswesens und der Verwaltungsorganisation Baierns, Würzburg 1889 1. Bd., Neudruck 1968

Schad, Martha, Die Frauen des Hauses Fugger von der Lilie, Tübingen 1989

Schornbaum, Karl, Bayern und die Reformation, in: Bilder aus der Bayer. Geschichte, Nürnberg 1953

Sandberger, Adolf, Die Entstehung der Herrschaft Aschau-Wildenwart, in ZBLG 11/1938

Steichele, Anton, Beiträge zur Geschichte des Bistum Augsburg, II, 1852

Steinruck, J., Pöhlmann, H.G., Schäfer, Ph., Das Konzil von Trient, Tagung der Kath. Akademie in Bayern am 3./.4. Nov. 95 in Passau, Texte veröffentlicht in: zur debatte, Jan/Febr. 1996

Theobald, Leopold, Die Einführung der Reformation in der Grafschaft Ortenburg, Berlin/Leipzig 1914

Theobald, Leonhard: Der Religionsprozeß gegen Pankraz von Freyberg von 1561, in BbKG 21, 1915.

Vehse, Carl Eduard, Die Höfe zu Bayern, Leipzig 1994

Weinfurter, Stefan, Herzog, Adel und Reformation. Bayern im Übergang vom Mittelalter zur Neuzeit. ZHF 10, Heft 1, 1983

Winkler, W., Die Gesinnungen Albrechts V. von Bayern und seiner protestantischen Landsassen im Kampf um die Konfession des Landes bis 1564, DISS ungedr. München 1920

Wittstadt, Klaus, Gedanken zum Wandel des katholischen Lutherbildes, Vortragsmanuskript 1996

Ziegler, Walter: Reformation und Gegenreformation 1517-1648. Altbayern, in Brandmüller, Walter: Handbuch der bayer. Kirchengeschichte St. Ottilien 1993, dazu auch Lutz/Ziegler a.a.O.

Ziegler, Walter, Dokumente zur Geschichte von Staat und Gesellschaft in Bayern; Abt. I, Bd. 3: Altbayern von 1550-1651, München 1992

Ziegmann, Max, Aschau, wie es früher war, Aschau 1964

Der Heimat- und Geschichtsverein Aschau i. Ch. bedankt sich bei allen, die zu Vorbereitung und Realisierung des vorliegenden Buches einen Beitrag geleistet haben; insbesondere beim Autoren, Herrn Prof. Dr. Dieter Schäfer und beim ECCORA-Verlag, Prien.

Dr. Hans Stocker
1. *Vorsitzender*

Bildnachweis

Titelbild:
Pankraz von Freyberg, Hohenaschau, (*1508 † 1565)
Ölbild von Hans Muelich, um 1545,
Staatliche Kunsthalle, Karlsruhe

Rücktitel:
»Orationes von dem Adel«
Handschrift in Kursive mit miniaturmäßig gemaltem Wappen aus dem Jahre 1553; gewidmet dem Pankraz von Freyberg von dessen Hohenaschauer Hauslehrer Johannes Weiglhammer.
Archiv Heimat- und Geschichtsverein Aschau i. Ch. e.V.

Seite 16
Burg Hohenaschau um 1570 (Nordansicht)
Ausschnitt aus einer kolorierten Federzeichnung,
Papier auf Leinwand,
München, Bayerisches Hauptstaatsarchiv

Seite 62
Albrecht V., Herzog von Bayern (*1528 † 1579)
Ölbild von Hans Muelich, 1556
Alte Pinakothek, München
Foto: Joachim Blauel, Artothek

Seite 76
*Simon Thaddäus Eck, Hofkanzler
unter Albrecht V. im 57. Lebensjahr* (*1514 † 1574)
Kupferstich von P. Weinherr, 1572, Münchener Stadtmuseum

Seite 88
Graf Joachim zu Ortenburg im 60. Lebensjahr (*1530 † 1600)
Germanisches Nationalmuseum Nürnberg

Seite 118
Ottheinrich von Schwarzenberg, Landmarschall unter Albrecht V.
Münchener Stadtmuseum

Seite 140
Schloß Hohenaschau 1996 (Luftaufnahme)
Foto Berger, Prien